Angst um die Vormachtstellung

»Substanz«

Marta press

Rebekka Blum

Angst um die Vormachtstellung

Zum Begriff und zur Geschichte
des deutschen Antifeminismus

Marta press

Die Deutsche Bibliothek verzeichnet diese Publikation
in der Deutschen Nationalbibliografie.
Detaillierte bibliografische Daten sind im Internet abrufbar unter
http://dnb.d-nb.de

Besuchen Sie uns im Internet:
www.marta-press.de

1. Auflage April 2019

Printed in Germany.
ISBN 978-3-944442-90-7

Würdigung

Der Hass auf Feministinnen greift in ungeahnter Weise um sich. Antifeministische oder misogyne Anfeindungen finden sich in allen nur denkbaren Kontexten des Alltags, in digitalen wie in Printmedien, in Politik und Wissenschaft. Angriffe auf feministische Errungenschaften, aber auch gezielt auf einzelne Vertreter*innen gerichtet, kommen aus den unterschiedlichsten politischen Lagern – von Vertreter*innen konservativer bis extrem rechter Parteien und politischen Organisationen, aus Kreisen der Männerrechtsbewegung bis hin zu Lebensschützer*innen christlich fundamentalistischer Kontexte. Ziel ist es, Gleichberechtigung, Emanzipation und Selbstbestimmung von Frauen* zu verhindern. Maßnahmen zur Umsetzung von Gleichberechtigung wie sie sich bspw. im Gender Mainstreaming finden, vor allem aber auch Gender Studies als originäre wissenschaftliche Ausrichtung werden diffamiert und es wird versucht, wissenschaftliche Lehrstühle abzuschaffen oder zu verhindern. Und obwohl sich in den vergangenen Jahren vermehrt wissenschaftliche Untersuchungen mit diesem erstarkenden Phänomen beschäftigt haben, können noch ebenso viele Leerstellen verzeichnet werden. Eins dieser Desiderate greift Rebekka Blum in dem vorliegenden Buch auf. Sie schaut sich die Entwicklungsgeschichte antifeministischer Argumentation an und fragt danach, ob und wenn ja wie sich antifeministische Inhalte und Argumentationen seit Beginn der Frauenemanzipationsbewegung im Kaiserreich verändert haben und welche Gemeinsamkeiten zwischen dem aktuellem und dem Antifeminismus der damaligen Zeit zu erkennen sind. Rebekka Blum bringt dabei wissenschaftliche Erkenntnisse zum Thema Antifeminismus aus Veröffentlichungen unterschiedlicher Disziplinen zusammen und wertet sie mit dem Ziel einer Systematisierung und der Frage nach Kontinuitäten antifeministischer Argumentation und Aktivitäten aus. Hierbei wählt sie bewusst zwei Untersuchungszeiträume aus und zwar den Entstehungszeitraum im Kaiserreich sowie das erneute Erstarken antifeministischer Agitation seit 1990.

Neben großen Unterschieden in den Themen, die von Antifeminist*innen verfolgt werden, zeigt Rebekka Blums Analyse auch deutliche Parallelen in beiden zeithistorischen Phasen bspw. im Hinblick auf Debatten um weibliche Erwerbsarbeit, die Selbstbestimmung über den eigenen Körper und die eigene Sexualität sowie und im Besonderen die Verbindungen zu Rassismus und völkischem Nationalismus. Besonders beeindruckend gelingt es Rebekka Blum als verbindendes Moment aufzuzeigen, dass über antifeministische Anfeindungen sowohl zu Beginn der Frauenemanzipation im Kaiserreich wie auch in der Gegenwart unterschiedliche politische und weltanschauliche Strömungen vereint werden. Und dieser Schulterschluss markiert auch das besondere Gefährdungspotential das von antifeministischen Bewegungen ausgeht. Besonderes Augenmerk muss dabei auf neuere Strategien gelegt werden, die darauf abzielen, feministische Begriffe aufzugreifen und im antifeministischen Sinne umzudeuten.

Die Arbeit von Rebekka Blum habe ich mit großem Interesse gelesen. Sie kann als eine wichtige wissenschaftliche Grundlage dienen, um Kontinuitäten und Gefährdungspotenzial antifeministischer Anfeindungen aufzuzeigen, und dazu beitragen, dem Antifeminismus weiterhin die Stirn zu bieten. Denn erst wenn wir wissen mit welcher Logik unsere Gegner*innen agieren, lassen sich gezielt Gegenstrategien entwerfen. In diesem Sinne wünsche ich eine interessante Lektüre dieses gelungenen Werks.

Prof. Dr. Michaela Köttig, April 2019.

Danksagung

Danke an alle feministischen und progressiven Wissenschaftler*innen und Aktivist*innen, die in den letzten Jahren wichtige Beiträge zum Thema Antifeminismus geschrieben haben und auf deren Arbeiten dieses Buch aufbaut. Einige der Wissenschaftler*innen und Publizist*innen können frei und unter ihrem Namen arbeiten und haben Forschungsstellen an Universitäten und Hochschulen. Andere leben und arbeiten prekär und können aufgrund von Bedrohungen durch rechte AkteurInnen und Stigmatisierung ihres Aktivismus nur unter Pseudonym arbeiten. Ihnen allen sei an dieser Stelle gedankt. Nicht zuletzt, weil mir kritische Wissenschaft und feministischer Aktivismus die Motivation für meine eigene Arbeit und Aktivismus geben.

Darüber hinaus danke ich natürlich meinen Freund*innen, meiner Familie und den Wissenschaftler*innen, die mich darin ermutigt und bestärkt haben, einer kritischen Wissenschaft nachzugehen, die das Ziel verfolgt, die aktuellen Zustände zu kritisieren und zu verändern, ohne das Hauptaugenmerk auf die Anschlussfähigkeit an eine oft oberflächliche, seichte und dafür drittmittelstarke Wissenschaft zu richten.

Rebekka Blum, April 2019.

Inhaltsverzeichnis

Anti-was?

Antifeminismus. Ein Begriff, mit dem außerhalb der sozialwissenschaftlichen Forschung nur wenige Menschen intuitiv etwas anfangen können. Dies zeigt auch eine Umfrage der Journalistin Carolin Born für das freie Radio *Radio Dreyeckland* im Januar 2018 in der Freiburger Innenstadt. Hier folgen auf ihre Frage, was unter Antifeminismus verstanden wird, Aussagen wie: „Da kann ich spontan nichts sagen.“, „Ehrlich gesagt, keine Ahnung.“ und „Den Begriff hab ich noch nie gehört [lachen]. Sorry. [lachen] Antifeminismus. Nee, kann ich nichts mit anfangen.“ (Born 2018). Dabei ist der Begriff, anders als beispielsweise die Bezeichnungen für Diskriminierungsformen wie Homophobie oder Rassismus, die mittlerweile in großen Teilen der Gesellschaft verstanden werden, aus den Wortbestandteilen heraus intuitiv herleitbar, wie Borns Umfrage ebenfalls zeigt: „Anti und Feminismus heißt an sich gegen Feminismus, gell? Also das ist des was man aus dem Wort raus lesen kann.“ (Born 2018) Aber auch diese Herleitung gibt noch wenig Auskunft über das konkrete Phänomen: „Eigentlich gegen den Feminismus. Aber ich wüsste jetzt nicht was das genau sein soll.“ (Born 2018).

In der sozialwissenschaftlichen und feministischen Forschung werden als Antifeminismus Phänomene beschrieben wie die sogenannten *Demo für alle*-Proteste 2014/2015. Unter dem Slogan „Ehe und Familie vor! Stoppt Gender-Ideologie und Sexualisierung unserer Kinder“ (DEMO FÜR ALLE, o. J.) gingen mehrere hundert Menschen in Stuttgart gegen das Vorhaben, die Akzeptanz sexueller und geschlechtlicher Vielfalt als Querschnittsthema im Bildungsplan Baden-Württemberg zu verankern, auf die Straße. Antifeminismus tritt nicht nur bewegungsförmig auf, sondern auch einzelne Persönlichkeiten stechen deutlich hervor. So zum Beispiel die Publizistin Birgit Kelle, die an den *Demos für alle* beteiligt war und schon 2013 antifeministisch auffiel, als sie als Antwort auf den Hashtag „Aufschrei", unter dem unzählige Menschen, größtenteils Frauen*, von Alltagssexismuserfahrungen berichteten, das Buch *Dann mach doch die Bluse zu. Ein Aufschrei gegen den Gleichheitswahn* (Kelle 2013) veröffentlichte. Auch die *Junge Alternative* (JA), die Jugendorganisation der *Alternative für Deutschland* (AfD), die auch selbst als zentrale Akteurin im deutschen Antifeminismus zu betrachten ist (Wielowiejski 2018, 144), ist polemisch antifeministisch in Erscheinung getreten, als Mitglieder der JA 2014 auf Facebook dazu aufriefen sich mit antifeministischen Statements abzulichten. Hier ließen sich Aussagen finden wie „Ich bin keine Feministin, weil Hausfrau-Sein auch ein Beruf ist." oder „Ich bin kein Feminist, weil eine Hausfrau genauso wertvoll ist wie eine Vorstandschefin." („AfD: Alternative für Antifeministen" 2014) Diese Aussagen zeigen mit welchem Zerrbild von Feminismus AntifeministInnen[1] arbeiten und dabei feministische Debatten

[1] Hinsichtlich geschlechtergerechter Sprache ist es mir wichtig, möglichst genau zu formulieren. Wenn ich nur die männliche Form verwende, zeigt das an, dass es hier explizit um Männer geht, beispielsweise weil im Kaiserreich viele Berufe Frauen nicht offenstanden. Wenn ich über Frauen und Männer im konservativen bis rechten Milieu spreche, verwende ich Formulierungen wie AnhängerInnen. Bezüglich dieses Spektrums verzichte ich also darauf, den Gender-* zu verwenden, da Personen dieses Spektrums gender-non-binären Personen feindlich gegenüberstehen und sie pathologisieren. Diese sprachliche Formulierung soll nicht aussagen, dass sich keine gender-non-binären Personen in diesem Spektrum bewegen, sondern vielmehr die ideologische Vorstellung des Spektrums aufzeigen. In allen anderen Fällen nutze ich den Gender-*, um anzuzeigen, dass ich damit sowohl Männer, Frauen*, als auch Personen, die sich nicht in diesen binären Geschlechterkategorien verorten, anspreche. Teilweise verwende ich auch die Schreibweise Frauen*, um die Pluralität der geschlechtlichen Identitäten die mit dem Begriff gemeint sind, aufzuzeigen. Da ich an vielen Stellen Bezug auf antifeministische Aussagen und Ideologien nehme, nutze ich in diesen Fällen die Schreibweise Frauen, um die binäre Logik der AntifeministInnen bzw. auch von Maßnahmen wie der Frauenquote nicht zu verschleiern.

um einen Lohn für Hausarbeit ebenso ausblenden wie historische und mittlerweile auch wieder aktuelle Frauen*streikbündnisse, die unter anderen zum Ziel haben, die Bedeutung von unbezahlter oft unsichtbarer und großteils von Frauen* durchgeführter Sorge- und Hausarbeit sichtbar zu machen.

Antifeminismus ist, was auch die deutliche Zunahme an Forschung zum Thema zeigt, aktuell sehr präsent, wird aber abseits der expliziten Antifeminismusforschung noch wenig rezipiert. Sogar in der Forschung zur (extremen) Rechten wird Antifeminismus oft gar nicht oder nur als randständiges Phänomen benannt, obwohl sich zeigt, dass nahezu alle rechten Organisationen, Parteien und Regime auf antifeministischen Elementen aufbauen. Auch Forschungen, die explizit Antifeminismus in den Blick nehmen, untersuchen diesen meist für einen jeweils eigenen Bereich, beispielsweise in Studien zu Maskulinismus und Antifeminismus oder Antifeminismus bei der AfD. Meist werden AkteurInnen und Erklärungsansätze für die einzelnen untersuchten Phänomene erarbeitet, jedoch kein übergreifender Blick auf die Zusammenhänge der verschiedenen Aspekte des Antifeminismus vorgenommen. In jüngster Zeit sind jedoch zwei Projekte hervorzuheben, die verstärkt Antifeminismus als eigenständiges Phänomen betrachten. Zum einen der im Februar 2018 von Juliane Lang und Ulrich Peters herausgegebene Sammelband *Antifeminismus in Bewegung. Aktuelle Debatten um Geschlecht und sexuelle Vielfalt* sowie der ebenfalls im Laufe des Jahres 2018 online gegangene, als Wiki organisierte *Diskursatlas Antifeminismus*, der von einem Redaktionsteam verantwortet wird („Über Diskursatlas Antifeminismus“, o. J.).

Neben der Beobachtung, dass Antifeminismus oft lediglich als Teilaspekt eines größeren Phänomens behandelt wird, fällt auf, dass in vielen Publikationen zu Antifeminismus eine Definition dessen fehlt, was unter dem Begriff verstanden wird.

Antifeminismus wird vielmehr als sich selbst erklärender Begriff verwendet. Daher halte ich es für nötig zunächst festzuhalten, dass Antifeminismus nicht jede Form von Feminismuskritik bedeutet. Von Antifeminismus lässt sich insbesondere dann sprechen, wenn keine inhaltlich-kritische Auseinandersetzung mit Feminismus stattfindet und eine pauschale Homogenisierung von Feminismus vorgenommen wird, mit dem Ziel diesen abzuwehren.[2] Diese Konkretisierung findet sich auch in den wenigen Definitionsansätzen, die ich in der Forschungsliteratur zu gegenwärtigem Antifeminismus fand. So hält Julia Roßhart zu Beginn ihrer Arbeit fest: „Als antifeministisch bezeichne ich diejenigen Positionen, die sich generalisierend und grundlegend gegen feministische Interventionen richten." (Roßhart 2008, 4). Sandra Kiepels beschreibt Antifeminismus als Umkehr feministischer Annahmen, was sie insbesondere in einer Ablehnung grundsätzlicher Gleichheit und Gleichwertigkeit der Geschlechter erkennt. Sie führt weiter aus, dass AntifeministInnen oft biologistisch argumentieren und Feminismus homogenisiert als männerhassende Ideologie darstellen (Kiepels 2013, 19–20).

Wenn man Antifeminismus als eigenständiges Phänomen betrachtet, ist es wichtig, sich die Entstehung desselben anzuschauen. Von Antifeminismus wurde im deutschsprachigen Raum erstmals bezüglich der GegnerInnenschaft zur Frauenbewegung im Kaiserreich gesprochen. Den Begriff prägte Hedwig Dohm mit ihrem 1902 erschienen Werk *Die Antifeministen. Ein Buch der Verteidigung*, in dem sie mit viel Scharfsinn und Witz Angriffe auf die Frauenbewegung benennt und auseinander

---

[2] Um die Unterscheidung von Feminismuskritik und Antifeminismus klarer gestalten zu können, entwickelten Regina Frey u.a. Prüffragen, die an das untersuchte Material gestellt werden sollten. Sie schlagen u.a. vor, auf die inhaltliche Untermauerung der Argumente, sprachliche Mittel und die Komplexität der Argumente zu achten. Werden beispielsweise lediglich abwertende, emotional aufgeladene Begriffe verwendet, ist davon auszugehen, dass nicht feminismuskritisch, sondern antifeministisch argumentiert wird (Frey u. a. 2014b, 82–83).

nimmt. Die Historikerin Ute Planert arbeitete in ihrer 1996 fertig gestellten Dissertation zu Antifeminismus im Kaiserreich die Entstehung dieses, damals weit verbreiteten Phänomens systematisch auf, denn zuvor war Antifeminismus als soziales Phänomen für sich stehend nur wenig untersucht worden (Planert 1998, 12). Sie trifft dabei die Unterscheidung

> „zwischen 1. Misogynie – der Vorstellung einer ontologischen Minderwertigkeit der Frauen – als ‚fest[em] Bestandteil abendländischer Kultur', 2. Frauenfeindlichkeit – bewußten Handlungen und politischen Praktiken, die darauf abzielen, die Diskriminierung von Frauen in die Tat umzusetzen – und 3. Antifeminismus als unmittelbare Reaktion auf Emanzipationsansprüche." (Planert 1998, 12).

Ein Zusammendenken von historischen und aktuellen antifeministischen Entwicklungen geschieht jedoch beim Großteil der Forschung zu aktuellem Antifeminismus, wenn überhaupt, nur randständig. Wobei insbesondere Judith Goetz in ihrem Beitrag zu Antifeminismus bei deutschnationalen Burschenschaften im Sammelband *Antifeminismus in Bewegung* (Goetz 2018, 189–213) stets historische Entwicklungen in den Blick nimmt. Im Wiki *Diskursatlas Antifeminismus* (Stand Februar 2019) wird die Geschichte des Antifeminismus nicht gänzlich ausgespart, jedoch werden vor allem die Unterschiede zwischen aktuellen und historischen antifeministischen Entwicklungen hervorgehoben:

> „Der neue Antifeminismus unterscheidet sich sowohl in seinen Gleichheitsformeln wie auch in seiner sozialen Basis von dem bürgerlichen Antifeminismus um 1900." („Geschichte des Antifeminismus", o. J.).

Ausgehend von diesen Beobachtungen gehe ich der Frage nach, wie sich antifeministische Inhalte und Argumentationen seit dem Kaiserreich verändert haben und ob bzw. welche Gemeinsamkeiten zwischen gegenwärtigem und dem Antifeminismus im Kaiserreich zu erkennen sind. Das Ziel ist es, einerseits eine systematische Beschreibung des aktuellen Antifeminismus vorzunehmen und anderseits eine Antifeminismus-Definition mit einem Blick für historische Kontinuitäten zu erarbeiten. Um mein Vorgehen nachvollziehbar zu machen, beschreibe ich im nächsten Kapitel zunächst meine Vorüberlegungen und Herangehensweise. Anschließend gebe ich im dritten Kapitel einen Überblick über die Entstehung des Antifeminismus im Kaiserreich. Danach stelle ich im vierten Kapitel die Ergebnisse meiner Analyse zu Antifeminismus in Deutschland seit den 1990ern vor. Hier wird sich zeigen, dass Antifeminismus stets im Hinblick und als Reaktion auf gleichstellungspolitische Entwicklungen entsteht und stets ähnliche AkteurInnen im organisierten Antifeminismus auftreten. Anschließend stelle ich typische antifeministische Diskursstrategien sowie in der Forschung genannte Erklärungsansätze für die Entstehung von Antifeminismus vor. Darauf aufbauend arbeite ich zeitübergreifende Charakteristika von Antifeminismus heraus und schlage darauf aufbauend eine Definition für Antifeminismus vor. Darüber hinaus zeige ich als weiteres Ergebnis Leerstellen in der Antifeminismusforschung auf. Zum Abschluss gehe ich der Frage nach, welche praxisleitenden Erkenntnisse sich aus der Analyse des Antifeminismus für feministische Bewegungen ergeben und stelle aktuelle feministische Ansätze vor, die als Ergebnis innerfeministischer Debatten betrachtet werden können.

Vorüberlegungen

Um das Phänomen Antifeminismus zu systematisieren und eine ausführliche Diskussion zu ermöglichen, arbeite ich die bestehende Forschungsliteratur hierzu auf. Ich nutze hierfür sowohl Literatur aus der Soziologie, der Medienwissenschaft, der Politikwissenschaft und der Geschlechterforschung. Da zu Antifeminismus auch im außerakademischen forschungsorientierten Kontext viel gearbeitet wird, fließen auch Texte von politischen Stiftungen wie der *Amadeu-Antonio-Stiftung* und der *Friedrich-Ebert-Stiftung* und antifaschistischen Forschungskontexten wie dem *Antifaschistischen Infoblatt* oder des *APABIZ* mit ein.

Da ich bei meiner Recherche die Literatur unter dem Schlagwort Antifeminismus gesucht habe, ist zu bedenken, dass ich nur das in den Blick bekomme, was bereits unter diesem Begriff veröffentlicht und verschlagwortet wurde. In der Zeit vor 1990 gab es auch GegnerInnenschaft zu Feminismus, doch diese wurde nur selten unter „Antifeminismus" gefasst, sondern eher mit dem Begriff „Misogynie" beschrieben. Die Zeit während des Nationalsozialismus habe ich bewusst ausgeklammert, da die Frage, wie Frauen im Nationalsozialismus eingebunden waren und welches Geschlechterbild in dieser Zeit vorherrschte, einen ganz eigenen Forschungsbereich darstellt, den ich an dieser Stelle nicht weiter ausführen werde.

In dieser Studie wird der Fokus auf antifeministischen Entwicklungen in Deutschland liegen. Zum einen, weil sich die Frauen*bewegungen und damit auch die Gegenreaktionen in anderen Ländern anders entwickelten. Zum anderen, weil sich Antifeminismus in Deutschland stets mit völkischem Denken und der Ideologie der „Volksgemeinschaft" in Verbindung bringen lässt. Völkisches Denken ist ein spezifisch deutsches Phänomen, das ursprünglich die Konstituierung Deutschlands als vereinigtes Reich anstrebte (Puschner und Grossmann 2009, 9) und die im 19. und frühen 20. Jahrhundert virulenten Rassentheorien um eine nationalistische Komponente erweiterte. Inwiefern sich Ergebnisse der Forschung zu deutschen Antifeminismus auf Antifeminismus in anderen Ländern übertragen lässt, ist aufgrund der Überschneidungen zu völkischem Denken in weiteren Arbeiten zu klären.

Als Vorbemerkung zu den folgenden Ausführungen möchte ich noch festhalten, dass ich in dieser Studie nicht klären werde, was unter Feminismus im Einzelnen zu verstehen ist. Da dies nicht meine Fragestellung ist, nenne ich teilweise das, wovon sich AntifeministInnen abgrenzen, feministische Errungenschaft, ohne den Anspruch abschließend zu definieren, was Feminismus genau bedeutet. Außerdem weise ich darauf hin, dass über Nutzen und Sinnhaftigkeit gleichstellungspolitischer Maßnahmen wie dem Gender Mainstreaming auch innerhalb feministischer Kontexte intensiv debattiert wird. Auch bei einigen anderen Begriffen, die in der Forschungsliteratur verwendet und nicht näher erläutert werden, taucht diese Schwierigkeit auf. Ich kann nicht endgültig feststellen, auf welcher Definition die Verwendung der Begriffe beruht. Wie eben schon bei dem Begriff „völkisch“ geschehen, stelle ich Definitionen des Begriffs in der Fußnote vor. Hierbei achte ich darauf, dass die Erläuterungen zur Verwendung des Begriffs in der Forschungsliteratur passen.

Antifeminismus im Kaiserreich

„Die Frauenfrage in der Gegenwart ist eine akute geworden. Auf der einen Seite werden die Ansprüche immer radikaler, auf der anderen die Abwehr immer energischer. Letzteres ist erklärlich. Je dringender die Gefahr der Fraueninvasion in das Reich der Männer sich gestaltet, je geharnischter treten ihr die Bedrohten entgegen.“

Hedwig Dohm, 1902

Das Phänomen und der Begriff „Antifeminismus“ tauchen erstmals im Kaiserreich auf und benennen die aufkommende Gegenbewegung zur Frauenemanzipation. Schon in der Zeit des Kaiserreichs verwendete Hedwig Dohm „Antifeminismus“ bzw. „Antifeministen“ als Beschreibung der GegnerInnen der Frauenbewegung. Ihre Streitschrift *Die Antifeministen. Ein Buch der Verteidigung* wurde 1902 veröffentlicht. Hierin analysiert sie die Gründe für die GegnerInnenschaft zur Frauenbewegung und erkennt diese in den sich verändernden Geschlechterverhältnissen und der Abwehr der Frauenemanzipation (Dohm 1902). Ute Planert versteht unter Antifeminismus die sich entwickelnde institutionalisierte Opposition zu den Emanzipationsforderungen der unterschiedlichsten Strömungen der Frauenbewegung ab 1890. Sie beschreibt, dass es den AntifeministInnen darum ging, die Organisation der Frauenbewegung zu unterbinden und ihre Repräsentantinnen anzugreifen. Daher sei der Antifeminismus im Kaiserreich als Versuch zu verstehen, Aufbrüche und Veränderungen im Geschlechterverhältnis rückgängig zu machen (Planert 1998, 12).

Die Herausbildung des Geschlechterverhältnisses

Spätestens seit dem Beginn der Aufklärung und der Französischen Revolution sowie im Zuge enormer sozial-ökonomischer Modernisierungsprozesse in Europa stand die soziale Position von Frauen in der westlichen Welt zur Disposition. Dichter, Denker sowie Vertreter der Naturwissenschaften, insbesondere der Medizin, waren damit beschäftigt gewesen, die soziale Position von Frauen festzuschreiben:

> „Grundlage dafür war ein bipolares Geschlechtermodell, das qua vorgeblich natürlicher Eigenschaften den Mann auf öffentliches Wirken, die Frau dagegen auf den häuslichen Binnenraum verwies. [...] Mit dem Aufstieg der Wissenschaft vom Menschen als einer universellen Naturwissenschaft erlangte dann eine Sichtweise kulturelle Geltungsmacht, die aus der Physis von Mann und Frau ihre unterschiedliche Psyche wie ihre verschiedenen sozialen Aufgaben herauszulesen vorgab." (Planert 1998, 20)

Die Unterscheidung in männliches und weibliches Geschlecht wurde zur grundsätzlichen Ordnungsstruktur des gesellschaftlichen Lebens. Planert beschreibt, dass noch um 1780 Geschlecht lediglich eine biologische Klassifikation war. Etwa vierzig Jahre später sei es gängig gewesen, von Geschlechtscharakteren zu sprechen und Männer und Frauen als im Wesen grundlegend verschieden darzustellen. Seitens der Medizin wurde der Mann als Mensch, die Frau als Abweichung verstanden und zum Subjekt der Gynäkologie (Planert 1998, 20-21).

Die Soziologin Karin Stögner erklärt diese Entwicklung damit, dass im Zuge der Industrialisierung die traditionelle geschlechtsspezifische Arbeitsteilung aufzubrechen drohte. Um dies zurückzuweisen, wurde „zum Schutz der Männergesellschaft vor einer drohenden sozialen Geschlechternivellierung“ (Stögner 2014, 146) verstärkt die Geschlechterbinarität und deren Natürlichkeit behauptet und festgeschrieben. Stögner führt weiter aus, dass Geschlecht grundsätzlich weiblich konnotiert war. In Bezug auf Männer wurde kaum vom Geschlechtscharakter gesprochen. Laut Stögner lässt sich gar von einer Gegenüberstellung des (weiblichen) Geschlechts und des (männlichen) Individuums sprechen. So erweisen sich die Begriffe „das Andere“ und „das Geschlecht“ als funktional äquivalente Begriffe (Stögner 2014, 144-146). Das gesellschaftlich vorherrschende Staatsverständnis im Kaiserreich baute auf dem Modell polarer Geschlechtscharaktere auf und trennte die Sphären nach männlich (öffentlich-politisch) und weiblich (privat-fürsorgend) (Planert 1998, 29). Generell wurde alles, was als abstrakt und produktiv betrachtet wurde, als männlich, alles was passiv konnotiert war und Empathie voraussetzte, als weiblich eingeordnet. Darüber hinaus wurde Weiblichkeit als Chiffre für Wandel und Modernität und damit für Dekadenz und Minderwertigkeit verwendet (Planert 1998, 40–41).

Zur Entstehung und den Erfolgen der Frauenbewegung

Die Historikerin Shulamit Volkov erklärt, dass ab den 1820ern das öffentliche Interesse an Gruppen erstarkte, die trotz Aufklärung ihre „natürlichen“ Rechte (noch) nicht erreicht hatten. In dieser Zeit kam der Begriff der Emanzipation auf. Wobei Emanzipation im ursprünglichen Sinne im römischen Recht die Loslösung von väterlicher oder anderer Autorität bedeutete und nun in einen größeren gesellschaftlichen Kontext gestellt wurde. Er wurde vor allem in Bezug auf die Lage der KatholikInnen in

Europa und in Zusammenhang mit Sklaverei und dem Judentum benutzt. Die Emanzipation von Frauen wurde hier nur wenig thematisiert und kam erst um 1850 im demokratisch-oppositionellen Milieu verstärkt auf. Dies lag auch daran, dass Frauen, obwohl sie bei der 1848er Revolution beteiligt waren, ihre Emanzipationsforderungen wie beispielsweise das Wahlrecht für Frauen nicht durchsetzen konnten. Erst ab den 1860ern begann die Frauenbewegung explizit Gestalt anzunehmen (Volkov 2001, 64–66).

Im Zuge der sich entwickelnden Frauenbewegung gründete Louise Otto, die bereits 1848 das Frauenstimmrecht gefordert hatte, 1865 den überregional ausgerichteten *Allgemeinen Deutschen Frauenverein.* Zunächst ging es der entstehenden Frauenbewegung hauptsächlich um die politische Emanzipation, also die Organisation in Vereinen, die Mitgliedschaft in Parteien und das Frauenstimmrecht. Aufgrund eines im Zuge der Industrialisierung einsetzenden Strukturwandels traten jedoch verstärkt soziale Aspekte in den Vordergrund. Denn bürgerlichen Familien war es oft nicht mehr möglich, unverheiratete Töchter mitzuversorgen. Zudem verschärften sich die sozialen Gegensätze immer weiter, so dass viele Frauen aus prekären Lebensverhältnissen auf Erwerbsarbeit angewiesen waren. Als Reaktion unter anderem darauf wurde 1866 der *Verein zur Förderung weiblicher Berufstätigkeit* gegründet. Dieser wurde Planert zufolge von Geldgebern aus dem liberalen Milieu getragen und unterstützte unverheiratete Frauen des Bürgertums und später auch der Arbeiterschaft bei der Suche nach „standesgemäßen Berufsmöglichkeiten“. Weiteren Emanzipationswünschen von Frauen nach politischer Mitbestimmung und eigenen Bürgerrechten wurde jedoch seitens des Vereins eine klare Absage erteilt (Planert 1998, 24–25).

Ab 1890 erstarkte die Frauenbewegung weiter und war in verschiedensten Verbänden mit unterschiedlichen Zielsetzungen organisiert. Darüber hinaus hatte sich die Frauenbewegung in verschiedene Strömungen, insbesondere in eine bürgerliche und eine proletarische, ausdifferenziert. Auch damals schon lässt sich also nicht von „der Frauenbewegung“ sprechen. Der bürgerlich-gemäßigte Teil der Frauenbewegung setzte beispielsweise stärker auf Frauenbildung und stieß mit dieser Forderung gesellschaftlich auf mehr Zustimmung als der bürgerlich-radikale Flügel (Planert 1998, 30-33). Diesem ging es stärker um öffentlich-rechtliche Gleichstellung. Seine Anhängerinnen forderten das politische Stimmrecht für Frauen und kritisierten u.a. die verschiedenen sexualmoralischen Standards für Männer und Frauen. Diese Forderungen stießen auf große Widerstände (Planert 1998, 38). Auch die proletarische Frauenbewegung forderte seit ihrer Entstehung das Frauenwahlrecht (Albrecht 2000). Trotz einiger Unterschiede ist auffällig, dass der Großteil der führenden Vertreterinnen der Frauenbewegung, die proletarische Strömung mit eingeschlossen, einen bildungsbürgerlichen Hintergrund hatte (Planert, 1998, 34).

Ein bedeutender Erfolg der Frauenemanzipation am Vorabend des Ersten Weltkrieges war die voranschreitende Öffnung der Universitäten und höheren Schulen für Frauen. Darüber hinaus hatte die Frauenerwerbsarbeit nicht in großem Maße zugenommen, aber Frauen standen nun auch Berufe in Bereichen der Industrie, des Handels und Verkehrs offen und nicht nur in der Land- und Hauswirtschaft. Privilegierten Frauen ermöglichte dies eine Alternative zur klassischen Versorgungsehe. Außerdem gab es einen hohen Organisationsgrad von Frauen in Vereinen, und auch viele Parteien öffneten sich nach und nach für Frauen (Planert 1998, 11). Lediglich antisemitische Parteien wie die *Deutschkonservative Partei* und die *Freikonservativen* ignorierten die Änderungen im Reichsvereinsgesetz und nahmen weiterhin keine Frauen als Mitglieder auf (Planert 1998, 109).

Der Höhepunkt der Frauenbewegung im Kaiserreich war Planert zufolge 1912 erreicht, als zahlreiche Frauen, auch aus dem konservativen Spektrum, für das Frauenwahlrecht protestierten. Die größten, als „Frauen-Sonntag" bekannten Aktionen, fanden am 12.5.1912 statt. Allein im Gebiet Groß-Berlin gab es 48 Veranstaltungen, weitere in Frankfurt und Breslau (Planert 1998, 113). Bereits 1909 bewertete August Bebel die Frauenbewegung als die erfolgreichste Emanzipationsbewegung der jüngeren Zeit:

> „Die Frauenbewegung – und zwar die bürgerliche wie die proletarische – hat in den letzten dreißig Jahren [...] viel erreicht und zwar in allen Kulturländern der Erde. Es dürfte kaum eine zweite Bewegung geben, die in so kurzer Zeit so günstige Resultate erzielte." (Bebel 1974, 32).

Die GegnerInnen der Frauenemanzipation

Shulamit Volkov hebt hervor, dass trotz der großen Erfolge der Frauenbewegung ein Großteil der Bevölkerung die Frauenemanzipation ablehnte. Außer einigen wenigen liberalen Demokraten betrachtete die Mehrheit der Bevölkerung, darunter auch viele Frauen, das weibliche Geschlecht als ungeeignet für öffentliche und politische Tätigkeiten (Volkov 2001, 76). Auch Frauenerwerbsarbeit wurde von vielen abgelehnt. Als Argument gegen weibliche Berufstätigkeit berief man sich meist auf Erkenntnisse der Medizin. Hier galt die unterschiedliche Anatomie und Physiologie von Frauen und Männern als Beweis für die mangelnde Eignung von Frauen für den akademischen Wissenschaftsbetrieb. Auf der Basis äußerer Unterschiede wurde eine Art weibliche Sonderanthropologie aufgebaut und psychische und soziale Merkmale von Frauen wurden festgeschrieben. Diese Konstrukte waren Inhalt des Medizinstudiums. Insbesondere

Anatomie, Neurologie und Gynäkologie, aber auch Psychiatrie, Psychologie und Sexualwissenschaften sind hier zu nennen. Diese medizinischen Vorstellungen wurden auch in der Öffentlichkeit rezipiert und legitimierten die Diskreditierung weiblicher Leistungen und Emanzipationsansprüche (Planert 1998, 79–80).

Um Antifeminismus, in Abgrenzung zu dieser verbreiteten Einstellung, genauer zu fassen, versteht Planert unter Antifeminismus daher explizit jene Vereine und Zusammenschlüsse, die sich organisiert und institutionalisiert gegen die Frauenbewegung richteten. Sie beschreibt, dass sich als Reaktion auf die Frauenbewegung und das Aufbegehren von Frauen gegen ihre soziale Stellung, eine soziale Bewegung bildete, die das Ziel hatte, die selbige zurückzudrängen und die alleinige Vorherrschaft der Männer im öffentlichen Leben zu verteidigen. Sie versteht Antifeminismus daher auch als Ausdruck eines „Unbehagens an der Moderne". Der Höhepunkt dieser Bewegung war 1912 erreicht, als der *Bund zur Bekämpfung der Frauenemanzipation* gegründet wurde (Planert 1998, 13–15).

Die Haltung evangelischer Institutionen zur Frauenbewegung

Die Evangelische Kirche positionierte sich hinsichtlich der Frauenemanzipation nicht einheitlich, spielte in Teilen jedoch eine Rolle im organisierten Antifeminismus. Planert beschreibt, dass die deutsche Frauenbewegung von einer „protestantischen Geisteskultur geprägt" (Planert 1998, 45) war. Darüber hinaus befasste sich die Evangelische Kirche mit der sozialen Frage und wies daher auch eine gewisse Offenheit für Teile der Frauenemanzipation, insbesondere bezüglich der teilweisen notwendigen Frauenerwerbsarbeit auf. Eine große Frauenorganisation, die *Frauenhilfe der Evangelisch-Kirchlichen Hilfsvereine* hingegen, lehnte hingegen „jedes öffentliche und kirchenpolitische Engagement von Frauen ab." (Planert 1998, 46). Die *Frauenhilfe* vertrat die Überzeugung, dass Frauen ins Haus gehören. Ihre Positionen, darunter auch die Abwehr des Frauenstimmrechts, verbreitete die *Frauenhilfe* vor allem in ihrer Verbandszeitschrift, die sich zu einem Forum antifeministischer ChristInnen entwickelte. Auch wenn sich nicht alle Kirchenfunktionäre explizit gegen jede Forderung der Frauenbewegung positionierten, herrschte Einigkeit hinsichtlich der Ansichten, dass Frauen für die Ehe bestimmt und Frauenerwerbsarbeit und Mutterschaft unvereinbar seien (Planert 1998, 47). Zum Ende des Kaiserreichs und nach verschiedenen Richtungsstreitigkeiten setzten sich an verschiedenen Stellen in der Evangelischen Kirche antifeministische Strömungen durch. Hervorzuheben ist, dass das bipolare Geschlechtermodell verstärkt nicht mehr allein mit der göttlichen Ordnung, sondern auch anhand medizinischer Erkenntnisse begründet wurde. Außerdem etablierten sich im christlichen Milieu zunehmend völkische Argumentationen. Das führte dazu, dass in der Zeit kurz vor dem Ersten Weltkrieg einige christliche Veröffentlichungen oft stark überspitzt und in ihrer Schärfe „nur wenig von antisemitischen Hetzblättern" (Planert 1998, 51) entfernt waren.

Liberale und bildungsbürgerliche Positionen

Die Frauenbewegung erstarkte in Zeiten des sogenannten liberalen Aufbruchs, als sich auch die Arbeiter*innenbewegung formierte und sich verstärkt Menschen zusammenschlossen, um gegen reaktionäre[3] Strukturen aufzubegehren (Planert 1998, 24).

[3] Der Begriff „reaktionär" ist ein politisch umkämpfter Begriff und wird meist von Personen aus dem linken oder progressiven Milieu verwendet, um konservative Bewegungen und Personen zu beschreiben. Gerd-Klaus Kaltenbrunner

Liberale Akteure hatten daher grundsätzlich Sympathien für die Frauenbewegung und befürworteten die Frauenerwerbsarbeit, die freie Meinungsäußerung, die Versammlungsfreiheit und die juristische Gleichheit für Frauen im privaten Bereich. Diese Forderungen wurden mit abstrakten Naturrechten begründet. Aus dem Verweis auf Naturrechte legitimierten einige Akteure, ähnlich wie früher mit einer göttlichen Ordnung argumentiert wurde, die Aufrechterhaltung der als natürlich behaupteten Geschlechtsunterschiede und leiteten daraus ab, dass es keiner staatsbürgerlichen Egalität von Frauen und Männern bedürfe (Planert 1998, 29). Die Soziologin Karin Stögner erklärt, dass Frauen daher zwar Menschen-, aber keine Bürgerrechte zugesprochen wurden. Denn dies hätte das Recht auf politische Mitbestimmung bedeutet (Stögner 2014, 138). Planert stellt heraus, dass die von liberalen und bildungsbürgerlichen Akteuren gehegten Sympathien für die Frauenbewegung zumeist dann endeten, wenn es um politische Mitbestimmung ging. Denn diese Entwicklung hätte die gesellschaftliche Einteilung in zwei Sphären infrage gestellt und damit auch die gesamte gesellschaftliche Ordnung bedroht (Planert 1998, 42).

Bildungsinteressen von Frauen wurden meist nicht komplett negiert, jedoch eine Fortführung der Geschlechtertrennung gefordert, mit dem Ziel, exklusive Bildungseliten beizubehalten. Dies hing auch damit zusammen, dass seitens bestehender Bildungseliten ohnehin die Sorge bestand, dass durch die Zunahme

---

hält im Vorwort zu dem Sammelband *Was ist reaktionär? Zur Dialektik von Fortschritt und Rückschritt* fest: „Das Wort [reaktionär, *Anm. d. Verf.*] dürfte im ersten Drittel des neunzehnten Jahrhunderts aufgekommen sein. Liberale, Demokraten, Sozialisten und Progressive aller Art bezeichneten damit ihre Gegner [...]. Als Reaktionäre galten vor allem die adeligen und klerikalen Kritiker der Französischen Revolution [...]. Seit damals wird Reaktion in politisch-ideologischem Sinne mit Immobilismus, Fortschrittsfeindlichkeit, Streben nach Wiederkehr geschichtlich überwundener Zustände gleichgesetzt." (Kaltenbrunner 1976, 8).

von Akademikern ein Prestigeverfall der akademischen Bildung drohe. Denn aufgrund von Bildungsreformen war es zuvor zur Expansion der Schüler*innen- und Studierendenzahl gekommen. Nachdem Frauen nun auch forderten, studieren zu dürfen, nahmen antifeministische Parolen zu und es wurde stets betont, dass allein Männer als Träger des Intellektes anzusehen seien (Planert 1998, 34–35). Planert beschreibt, dass sich vor allem Lehrerverbände und Studentenorganisationen nicht mit dem Ende des männlich-akademischen Bildungsbetriebs arrangieren wollten. Da nun auch Frauen den Lehrer*innenberuf ergreifen konnten, fürchteten sie sich vor der Konkurrenz von Lehrerinnen. Insbesondere Volks- und Mädchenschullehrer protestierten gegen ihre neuen Kolleginnen, denn Lehrerinnen waren lediglich an diesen beiden Schularten tätig. Außerdem fühlten sich Volksschullehrer, die meist nicht aus dem Bildungsbürgertum kamen, den aufstrebenden Lehrerinnen aus dem mittleren und gehobenen Bürgertum sozial unterlegen, was ihre Abwehr verstärkte (Planert 1998, 53–54). Daher wurde zur Befriedung des Konflikts 1908 festgelegt, dass der Anteil von Lehrerinnen an Mädchenschulen nicht über zwei Dritteln liegen dürfe, in Jungenklassen nicht über einem Drittel. Diese Zahlen wurden in der Realität meist deutlich unterschritten (Planert 1998, 59). Die erste Frauenquote in der deutschen Geschichte war also eine Negativquote für Frauen. Ein Argument, das sich in aktuellen Debatten um Frauenquoten immer gut anführen lässt.

Abwehr weiblicher Erwerbsarbeit

Auch Beamtenorganisationen, Angestelltenverbände und der *Handlungsgehilfenverband* wehrten sich gegen Frauenerwerbstätigkeit. Zunächst kritisierten sie hauptsächlich die Beschäftigung von Frauen bei Post und Bahn. Später richtete sich die Kritik generell gegen die Erwerbstätigkeit von Frauen in Büros. Dies lag Planert zufolge auch daran, dass im Zuge der Durchsetzung des Telefons ab 1880 bürgerliche Frauen im Telefondienst besonders gefragt waren, da sie wesentliche gesellschaftliche Gepflogenheiten und Fremdsprachen besser beherrschten als männliche Angestellte, die meist aus einem weniger bürgerlichen Milieu stammten. Außerdem waren unverheiratete Frauen deutlich flexibler und günstiger als Familienväter, die häufig als Beamte dazu noch unkündbar waren. Da Frauen, sobald sie heirateten oder schwanger wurden, entlassen wurden, wurde auch von „Beamtinnen-Zölibat" gesprochen. Diese Regelung führte auch dazu, dass nur wenige Frauen lange genug in ihrer Stellung blieben, um eine Festanstellung zu bekommen. Und auch dann waren Frauen hinsichtlich der sozialen Absicherung und des Lohns gegenüber ihren männlichen Kollegen benachteiligt (Planert 1998, 64-66). Darüber hinaus kam es aufgrund von Rationalisierungs- und Umstrukturierungsmaßnahmen zu Unsicherheiten bei den Beschäftigungsverhältnissen und der Senkung der Reallöhne. Als Folge daraus mussten einige Ehefrauen ebenfalls erwerbstätig werden. Dies wiederum rüttelte am bürgerlichen Ideal der

> „von ökonomischen Zwängen freigestellte[n] Frau und Mutter. [...] Konnte diese Lebensform nicht mehr aufrecht erhalten werden, sank nicht nur das soziale Ansehen der Familie. Auch die Ernährerrolle des Familienvaters und damit die ökonomische Basis männlicher Autorität im Familienverband geriet in Gefahr." (Planert 1998, 69)

Der Frust über diese Situation entlud sich oftmals in der Bewertung: „Die Frauenbewegung [ist] schuld." (Planert 1998, 71).

Die meisten Angestelltenverbände bauten jedoch mit der Zeit den Widerstand gegen ihre Kolleginnen ab, auch weil

Frauen vor allem die neu geschaffenen Berufe im sich herausbildenden tertiären Sektor und in der Arbeit an Büromaschinen, die von Männern oft abgelehnt wurde, übernahmen. Dies zeigt, dass die anhaltende Ablehnung der Frauenerwerbsarbeit ideologisch begründet war. Ein Indiz hierfür ist auch der deutschnationale *Handlungsgehilfenverband,* in dem am Vorabend des Ersten Weltkrieges rund 40 Prozent der männlichen Angestellten organisiert waren. Obwohl Frauen oft in anderen Bereichen arbeiteten, bekämpften seine Mitglieder weiterhin die von ihnen sogenannte weibliche „Schmutzkonkurrenz". Diese Abwehr der Frauenerwerbsarbeit verband sich im *Handlungsgehilfenverband* auch mit einer völkischen Ideologie bzw. mit Antisemitismus, die sich im Ausschluss jüdischer Angestellter zeigten (Planert 1998, 71–73).

Deutsch-völkische GegnerInnen der Frauenemanzipation

Als zentrale Orte des Antifeminismus im Kaiserreich sind laut Planert (1998, 93) der *Alldeutsche Verband* und der *Agrarierbund* zu nennen. Beide waren im nationalen, deutsch-völkischen Milieu verortet. Der *Agrarierbund* mit rund 330.000 Mitgliedern bekämpfte insbesondere die Forderung der Frauenbewegung nach Veränderung der weiblichen Sexualmoral. In der Argumentation des *Agrarierbunds* verbanden sich christlich-patriarchalische Wertevorstellungen mit rassistischem Antisemitismus und einem germanisch geprägten extremen Nationalismus. Insbesondere völkisch gesinnte Frauen wehrten die Mutterschutzbewegung ab, da sie in ihren Augen „gefallene Mädchen", wie beispielsweise unverheiratete Mütter, zu einer gesellschaftlichen Aufwertung verhelfen würden.[4] Eine Verletzung der sexualmoralischen Regeln, wie ehelos gezeugte Kinder, wurde seitens des *Agrarierbunds* als Angriff auf die nationale Identität gewertet. Außerdem wurde das Drohszenario gezeichnet, dass die Frauenbewegung Frauen entweiblichen und zu „Zwitterwesen" verwandeln würde (Planert 1998, 93–95). Obwohl der *Alldeutsche Verband* mit 50.000 Mitgliedern nicht sonderlich groß war, hatte er aufgrund seiner personellen Zusammensetzung dennoch einen großen gesellschaftlichen Einfluss. Bei vielen seiner Mitglieder handelte es sich um Professoren, Oberlehrer, Mediziner, Juristen und Pastoren. Politisch gab es große Überschneidungen zum Nationalismus, der völkischen Bewegung und später auch zum Nationalsozialismus. Der Verband war

> „ein Prototyp für die enge Verbindung von Nationalismus, Antisemitismus, Antifeminismus, Antiparlamentarismus und Antislawismus. Diese Einstellungen resultierten aus einer Ablehnung der emanzipatorischen Elemente und Folgen der Moderne […]. Ziel der alldeutschen Diskurse war die (Re-)Stabilisierung der infrage gestellten gesellschaftlichen und politischen Vorrangstellung des Bildungsbürgertums und der männlichen Machtposition in Familie und Gesellschaft." (Hering 2003, 22).

[4] Die Mutterschutzbewegung wurde ab 1900 zur transnationalen Bewegung, die für die finanzielle Unterstützung und den Unterhalt für erwerbstätige Schwangere kämpfte und sich darüber hinaus für die Möglichkeit für Frauen einsetzte, Erwerbsarbeit und Familienarbeit zu vereinbaren. Später stand nicht mehr nur die Unterstützung bedürftiger und erwerbstätiger Mütter im Zentrum, sondern es ging grundlegend um die Bewertung der sozialen Rolle von Mutterschaft. Dabei wurde argumentiert, dass Pflege- und Sorgetätigkeiten ebenfalls Arbeit seien und daraus abgeleitet, dass es eines Einkommenstransfers zwischen erwerbstätigen Männern und im privaten Bereich arbeitenden Frauen bedürfe (Bock 2000, 223–24).

Der Schwerpunkt lag auf der Bekämpfung eines allgemeinen Frauenwahlrechts. In ihrer Ideologie gingen Verbandsmitglieder teilweise so weit, dass sie Frauen generell absprachen, sich politisch zu engagieren, da dies nicht ihrem sogenannten Geschlechtscharakter entspräche (Hering 2003, 24).

Viele Argumentationen seitens der AntifeministInnen weisen deutliche Verbindungen und Überschneidungen zum Rassismus und der Rassenlehre im Kaiserreich auf.[5] So wurden Forderungen nach einer Sexualreform mit dem Argument zurückgedrängt, dass es Frauen lediglich darum gehe, ihren Glückshunger zu stillen, was zu rassischer Vermischung und längerfristig zur „Ausrottung des heroisch blonden Mannes" (Planert 1998, 91) führe. Darüber hinaus wurde Mutterschaft unter Aspekten der Rassenhygiene aufgewertet und beispielsweise eine Musterung der Frau vor der Ehe gefordert, um „ein »zweifelhaftes Zeugungsprodukt« zu vermeiden" (Planert 1998, 84). Eine Revision der geschlechtlichen Arbeitsteilung wurde abgelehnt, da sonst eine Alternative zur Mutterschaft geschaffen würde (Planert 1998, 85). In ähnlicher Weise wurde gegen höhere Frauenbildung eingewandt, dass geistige Anstrengung die körperlichen Reifeprozesse unterdrücke und Mädchen deshalb untauglich zur Mutterschaft machen würde (Planert 1998, 87). Planert nennt als möglichen Grund für den Bedeutungszuwachs von Mutterschaft und Fortpflanzung in dieser Zeit,

---

[5] Rassismus bzw. die Ideologie der Rassenlehre ist geprägt von der Fantasie eines homogenen Volkstums mit dem Ziel, eine „reine Rasse" zu erschaffen (Salzborn 2014, 14). In der Einleitung zum Sammelband *Was ist Rassismus?* beschreibt Dorothee Kimmich die Entstehung von Rassismus bzw. das „Rasse"-Verständnis folgendermaßen: „»Rasse« ist keine reale Gegebenheit, aufgrund derer sich unterschiedliche Formen von Rassismus entwickeln können; sondern umgekehrt ist »Rasse« das Ergebnis von Diskursen der Klassifikation und Hierarchisierung, die ihre Ordnungskritieren als empirisch ausweisen und damit behaupten, deskriptiv und messend »natürliche« Gegebenheiten darzustellen." (Kimmich 2016, 19).

dass der im Kaiserreich latent vorhandene Kulturpessimismus um 1900 in die Angst vor einer „Entvölkerung Deutschlands“ mündete. Diese Angst war zwar unbegründet[6], gewann jedoch „zunehmend den Charakter einer allgemeingültigen Wahrheit.“ (Planert 1998, 113). In völkischen Kreisen wurde daraufhin versucht, dem vermeintlich drohenden Rassenverfall durch sogenannte Höherzüchtung des Volkes entgegenzuwirken (Planert 1998, 83), und die Frauenbewegung, insbesondere die Frauenerwerbsarbeit und Mädchenbildung, wurde für die sinkenden Geburtenraten verantwortlich gemacht. Infolge dieser Diskussionen wurde erstmals öffentlich über Verhütungsmethoden und Schwangerschaftsabbrüche gesprochen und diese harsch kritisiert (Planert 1998, 115).

Der Bund zur Bekämpfung der Frauenemanzipation

1912, parallel zum Höhepunkt der Politisierung der Frauenbewegung und dem Wahldesaster konservativer Parteien bei der Reichstagswahl, war auch der Höhepunkt der Institutionalisierung des Antifeminismus. So gründete sich 1912 der *Bund zur Bekämpfung der Frauenemanzipation.* Diese Abwehrorganisation stand unter dem Motto „Dem Mann der Staat, der Frau die Familie“ (Planert 1998, 14). Im Bund waren Personen aus dem konservativ-nationalistischen und völkischen Spektrum, sowie das preußische Bürgertum und teilweise Personen aus dem niederen Adel dominant vertreten. Planerts Analyse der Mitglieder zeigt, dass es personell viele Überschneidungen zum *Alldeutschen Verband*, dem *Agrarierbund*, der *Deutschen Gesellschaft*

[6] So war die Geburtenrate im Kaiserreich seit Beginn des 20. Jahrhunderts tatsächlich zurückgegangen, doch die Geburtenzahl war zuvor auch extrem hoch gewesen. Darüber hinaus sank die Säuglingssterblichkeit deutlich und glich damit den Geburtenrückgang aus (Planert 1998, 113–14).

für Rassenhygiene und antisemitischen Gruppierungen gab. Im Verband waren Personen mit den unterschiedlichsten beruflichen Hintergründen und zu einem Viertel Frauen organisiert. Die Analyse macht darüber hinaus deutlich, dass Antisemitismus und Antifeminismus im Kaiserreich nicht nur programmatisch-strukturelle Ähnlichkeiten aufwiesen, sondern auch personell und organisatorisch eng miteinander verbunden waren (Planert 1998, 14–17). So löste sich der Verband 1919, als das Frauenstimmrecht in der Weimarer Republik eingeführt wurde und die gemeinsame Klammer des Protests verlorenging, auf, konstituierte sich jedoch mit verändertem Schwerpunkt als *Bund für Volkserneuerung* kurz darauf neu. Bei diesem Bund zeigen sich wiederum personelle Kontinuitäten zur völkischen Bewegung der Weimarer Republik und auch zu späteren NationalsozialistInnen. Ute Planert begreift den Antifeminismus des Kaiserreichs daher, trotz einiger inhaltlicher Differenzen, als „protofaschistische" Bewegung (Planert 1998, 18).

Zusammenfassung des Antifeminismus im Kaiserreich

Für den Antifeminismus im Kaiserreich lassen sich mehrere wesentliche Charakteristiken festhalten. So ist Antifeminismus als defensive und reaktionäre Bewegung zu verstehen, da im Wesentlichen keine eigenen Inhalte transportiert wurden. Antifeminismus war dabei in verschiedenen politischen und gesellschaftlichen Milieus zu finden und ist laut Volkov zu der damaligen Zeit mehr als eine Art soziale Norm (Volkov 2001, 78), denn als kultureller Code zu verstehen, als der der moderne Antisemitismus fungierte (Volkov 2001, 70). So umfasste der Antifeminismus im Kaiserreich ein breites Spektrum, insbesondere aus dem konservativen, nationalistischen und völkischen Milieu.

Als gemeinsames Ziel galt das Zurückdrängen der Frauenbewegung, der es gelungen war, viele Emanzipationsansprüche, wie das Recht auf Bildung und politische Mitbestimmung, durchzusetzen und gesellschaftliche Veränderungen, insbesondere im Geschlechterverhältnis, voranzutreiben.

Die wichtigsten Handlungsfelder der AntifeministInnen waren die Verhinderung der politischen Mitbestimmung durch Frauen und das Festschreiben der Frau auf ihre Rolle als Mutter und Ehefrau. Außerdem ging es darum, Frauen als Konkurrenz auf dem Arbeitsmarkt zurückzudrängen. Ihnen wurde viel eher das Feld der Sorge- und Pflegearbeit zugeordnet, die, mit Ausnahme der sich herausbildenden Professionalisierung von Fürsorge, unbezahlt blieb. Darüber hinaus herrschte Einigkeit in der Ablehnung höherer Bildung für Mädchen und Frauen. Diese politischen Ziele waren häufig völkisch und antisemitisch aufgeladen und orientierten sich an der sich entwickelnden Rassenlehre. Dass der Antifeminismus im Kaiserreich eine Gegenbewegung zur Frauenbewegung war, zeigt sich besonders in der 1912 erfolgten Gründung des *Bunds zur Bekämpfung der Frauenemanzipation* zu einem Zeitpunkt, als die Frauenbewegung besonders stark war und es zu gemeinsamen Frauenwahlrechtsdemonstrationen aus verschiedenen politischen Milieus kam. Da sich die Frauenbewegung im Zuge moderner Emanzipationsbestrebungen herausbildete (Klaus 2008, 177), lässt sich Antifeminismus auch als Gegenbewegung zur Moderne verstehen.

Um die Entstehung des Antifeminismus einordnen zu können, ist es sinnvoll auch einen Blick auf die wirtschaftlichen Verhältnisse dieser Zeit zu richten. Denn der Antifeminismus im Kaiserreich entstand in Zeiten der Industrialisierung, als große sozial-ökonomische Veränderungen zu beobachten waren. Durch die oftmals ökonomisch notwendige weibliche Erwerbsarbeit wurde am bürgerlichen Bild des männlichen Ernährers gerüttelt und die noch junge, aber als natürlich behauptete Trennung der Sphären in öffentlich-männlich und privat-weiblich dadurch brüchig. Dies förderte das Gefühl der Bedrohung der männlichen Vorherrschaft, aber auch der gesellschaftlichen Ordnung. In Anbetracht der sozial-ökonomischen Rahmenbedingungen lässt sich Antifeminismus also als ein Phänomen beschreiben, das besonders in Zeiten der wirtschaftlichen und gesellschaftlichen Veränderung bzw. Verunsicherung erstarkt.

Antifeminismus in Deutschland seit 1990

Nach der Betrachtung der Entstehung des Antifeminismus im Kaiserreich, zeichne ich nun jüngere Entwicklungen des Antifeminismus nach. Zunächst lässt sich festhalten, dass Feminismus schon immer von Polemik und GegnerInnenschaft begleitet war (Maihofer und Schutzbach 2015, 201). Doch nicht zu jeder Zeit wurde die GegnerInnenschaft zur Frauen*bewegung als Antifeminismus bezeichnet. Erst vermehrt ab den 1990er Jahren wird Antifeminismus als analytischer Begriff in der Forschung verwendet. Auch viele Beiträge zu Antifeminismus im Kaiserreich entstanden in den 1990ern und später. Da die deutschsprachige Forschung zu Antifeminismus ab den 1990ern noch nicht systematisch aufgearbeitet wurde[7], fülle ich diese Leerstelle mit dieser Studie, indem ich die bestehende Forschungsliteratur zu Antifeminismus systematisiere. Zunächst gehe ich auf zeitlich-thematische Entwicklungen des Antifeminismus seit 1990 ein. Im nächsten Schritt stelle ich wesentliche Strömungen und AkteurInnen des Antifeminismus seit den 1990ern im wiedervereinigten Deutschland vor. Anschließend widme ich mich inhaltlichen und sprachlichen Diskursstrategien seitens der AntifeministInnen. Im letzten Teil dieses Kapitels gebe ich einen Überblick über bestehende Erklärungsansätze für die Entstehung antifeministischer Einstellungen.

[7] Der deutsche Wikipedia-Eintrag zu Antifeminismus endet beispielsweise mit der Zeit des Nationalsozialismus („Antifeminismus – Wikipedia“ o. J.). Hier gibt es, im Vergleich beispielsweise zum englischen Wikipedia-Eintrag keinen Abschnitt zu gegenwärtigen Entwicklungen („Antifeminism - Wikipedia“ o. J.).

Entwicklungen

Die im Folgenden genannten antifeministischen Wellen treten parallel auf und sind auch bezüglich der involvierten AkteurInnen nicht immer klar voneinander abgrenzbar. Die vorgestellten Entwicklungen sind als idealtypisch zu verstehen und sollen dem Verständnis der verschiedenen Bezugspunkte und Inhalte dienen.

Erstarkender Antifeminismus in den 1990ern

Das erste Mal in jüngerer Zeit wurde von Antifeminismus bezüglich der in den 1990ern aufkommende Debatte um sog. „political correctness" (pc) gesprochen, da sich die GegnerInnenschaft zu „political correctness häufig antifeministisch äußert (Möller 1999, 19). Unter dem Begriff „political correctness", der im Gegensatz zum Begriff Feminismus oder ähnlichen nie eine Eigenbezeichnung einer politischen Bewegung war (Auer 2002, 296) und stets eine gewisse Abwertung beinhaltet, wird von Seiten seiner GegnerInnen das gesamte Spektrum emanzipatorischer und linker Politik verstanden, „insbesondere im Kontext von Frauen-, Minderheiten- und »Dritte Welt«-Themen" (Frank 1996, 185). Die Debatte um „political correctness" kam in den USA bereits in den 1980ern auf und wurde dort hauptsächlich im universitären Kontext geführt (Frank 1996, 190–91).[8] In

[8] Dies hing sicherlich auch damit zusammen, dass an zahlreichen Universitäten als Reaktion auf die Zunahme rassistischer und sexistischer Übergriffe verschiedene Maßnahmen ergriffen wurden, die von GegnerInnen als political correctness bezeichnet wurden. So wurde beispielsweise das Curriculum an der Stanford Universität überarbeitet und aus dem Pflichtkurs „Westliche Kultur" wurde der Kurs „Kultur, Ideen und Werte". Darüber hinaus entstanden in dieser Zeit, neben den mittlerweile etablierten „Women's Studies" auch „Black Studies" und „African Studies". Mit Bezug auf die Einsicht Ferdinand de Saussures, dass Sprache gesellschaftliche Realität nicht einfach wiedergebe, sondern

Deutschland wurde über „political correctness“ ab Anfang der 1990er debattiert und vor allem durch Artikel im Feuilleton großer Tageszeitungen verbreitet. Die Medienwissenschaftlerin Sandra Kiepels beschreibt, dass die Debatte durch die Berichterstattung im Vorfeld zu dem 1994 erlassenen Beschäftigtengesetz gegen sexuelle Belästigung am Arbeitsplatz befeuert wurde (Kiepels 2013, 28). Daher wurde, wie Simon Möller (1999, 20) beschreibt, teilweise auch von sexual correctness (sc) gesprochen und die Thematik sexueller Belästigung am Arbeitsplatz nicht selten auf harmlose Flirtversuche reduziert und abgetan:

> „Nun haben sie's [die Gruppe der politisch Korrekten, *Anm. d. Verf.*] erreicht, den kleinen Flirt, die Anmache im Büro unter Strafe zu stellen, mit Kanonen auf Spatzen zu schießen. [...] Damit hat die Heteroliebe am Schreibtisch kaum noch eine aussichtsreiche Chance, wäre doch für jeden die Gefahr zu groß, bei Sympathiebekundungen mißverstanden oder gar als Arbeitskollege oder lästiger Konkurrent mit Schmollmund-, Blusen- oder Honigschoßfalle beruflich kaltgestellt zu werden.“ (Stern 1994, 297).

Juliane Lang und Ulrich Peters benennen als einen weiteren Auslöser für das Lauterwerden zuvor schlummernder antifeministischer Agitationen, die feministische Errungenschaft, dass die Straffreiheit von Vergewaltigung in der Ehe endlich abgeschafft wurde.[9] Den Aufschlag für das Erstarken dieser antifeministischen Welle sehen sie in Matthias Mattusseks 1998 erschienen Buch *Die vaterlose Gesellschaft* (Lang und Peters 2018, 20).

---

auch soziale Wirklichkeit konstruiere, wurden zeitweise sogenannte „fighting words“ (die Verwendung abwertender sprachlicher Referenzen auf Rasse, Geschlecht und sexuelle Orientierung) verboten und bei Nichteinhaltung mit universitären Sanktionen gedroht (Frank 1996, 190–91).

[9] Gegen diese im Bundestag abgestimmte Änderung stimmten insgesamt 138 Abgeordnete, allesamt aus der CDU, CSU und FDP, darunter so namhafte Politiker wie Horst Seehofer, Friedrich Merz und Volker Kauder (Helberg 2018).

Da die Debatte vor allem durch überregionale Printmedien angestoßen wurde, analysierte Simon Möller in der Reihe *Geschlecht und Gesellschaft*, die u.a. von Ilse Lenz herausgegeben wird, 122 Artikel aus der *Frankfurter Allgemeinen Zeitung*, der *Süddeutschen Zeitung*, der *Zeit*, dem *Focus* und dem *Spiegel* im Zeitraum zwischen 1991 bis 1995 (Möller 1999, 103). Er stellt fest:

> „Die Verknüpfung des Begriffes ‚Feminismus' mit den Ausdrücken ‚SC' bzw. ‚PC' zur Diffamierung emanzipatorischer Politik ist heute gleichsam kulturelles Allgemeingut." (Möller 1999, 191).

Ab 1995 konstatiert die Historikerin und Politikwissenschaftlerin Katrin Auer, einen „Anti-political-correctness-Bücher-Boom" in Deutschland. Sie beschreibt, dass im Zuge der Debatte häufig die Rede von sprachlichen Tabus war, die verhindern würden, dass die eigene Meinung (der AutorInnen) frei geäußert werden könne. Diese Rhetorik überrascht nicht, wenn man bedenkt, dass sich insbesondere AutorInnen aus dem neokonservativen und rechten Spektrum beteiligten (Auer 2002, 293–97). Lang und Peters sehen in dieser Zeit das Narrativ entstehen, dass Feminismus ein männerfeindliches Projekt sei und Männer als kollektive Opfergruppe eines aus dem Ruder gelaufenen Feminismus zu verstehen seien (Lang und Peters 2018, 21). Ein weiteres zentrales Narrativ ist, dass „political correctness" im Namen von Antisexismus und Antirassismus die Redefreiheit einschränke. Als vermeintliche Bedrohung der Redefreiheit stehe „political correctness" aus Sicht der GegnerInnen demnach im Widerspruch zu westlichen Werten und müsse daher bekämpft werden (Frank 1996, 206–7). Gemäß dieser Logik wurde das Gesetz gegen sexuelle Belästigung am Arbeitsplatz insbesondere „als gegen die mühsam erkämpfte sexuelle Freiheit (auch und gerade für Frauen) gerichtete Auswüchse feministischer ‚Regelungswut' dargestellt." (Möller 1999, 115).

Als latentes bis explizites Ziel der Debatte nennt Katrin Auer „die Abwehr feministischer Forderungen, Maßnahmen und Errungenschaften in allen sozialen und politischen Bereichen.“ (Auer 2002, 299) Es ging auch darum, die vermeintlich brüchige patriarchale Ordnung zu restabilisieren. Karsta Frank betont, dass es AkteurInnen dieser Debatte gelungen ist, antifeministische Aussagen (wieder) gesellschaftsfähig zu machen (Frank 1996, 202).[10] Die Anti-political-correctness-Debatte, die bis heute andauert, ist jedoch nicht nur als antifeministisch zu begreifen. Denn inhaltlich gibt es viele Überschneidungen zu Ideologien wie Rassismus und Homofeindlichkeit sowie zu weiteren Themen der (extremen) Rechten (Auer 2002, 294). Ein Beispiel hierfür ist das Buch *Politische Korrektheit in Deutschland. Eine Gefahr für die Demokratie* von Michael Behrens und Robert von Rimscha. In diesem sprechen sie bezüglich der Pogrome gegen Asylunterkünfte Anfang der 1990er in Rostock-Lichtenhagen, Mölln und Solingen von lediglich vermeintlich rassistischen TäterInnen und kritisieren, dass die Berichterstattung über die Pogrome dafür instrumentalisiert wurde, gegen rechte Strömungen vorzugehen (Behrens und Rimscha 1995, 135).

Feindschaft gegen Gender-Konzepte als gemeinsamer Bezugspunkt

Seit der Jahrtausendwende findet eine inhaltliche Verschiebung bzw. Schwerpunktänderung antifeministischer Argumentationen statt. AntifeministInnen hetzen insbesondere gegen

[10] Susanne Faludi arbeitet für die USA heraus, dass zwischen 1986 und 1990, also parallel zur US-Debatte um political correctness, die Zustimmung zum geschlechterpolitischen Wandel deutlich abgenommen hatte (Faludi 1993, 105–6). Es ist anzunehmen, dass die Auswirkungen in Deutschland ähnlich einzuschätzen sind.

Geschlechterforschung, das sozialwissenschaftliche Gender-Konzept und die Strategie des Gender Mainstreaming (Maihofer und Schutzbach 2015, 203). In der Forschung werden AntifeministInnen daher teilweise „Gender-GegnerInnen“ genannt oder statt von Antifeminismus wird von „Anti-Genderismus“ gesprochen. Diese Begriffe sind jedoch ungenau und treffen auch nicht den Kern des Begriffs Antifeminismus. Gender ist ein analytischer Begriff der Sozialforschung, der u.a. gesellschaftliche Ungleichheit und Hierarchisierung aufgrund von Geschlecht in den Blick nimmt. AntifeministInnen als „Gender-GegnerInnen“ zu bezeichnen, bedeutet hingegen, die Umdeutung des Begriffs durch AntifeministInnen zu übernehmen. Auch der Begriff „Anti-Genderismus“ ist in dieser Hinsicht problematisch (Scheele 2016, 2–3). Denn der Begriff „Genderismus“ stammt ebenfalls aus der Sozialwissenschaft und wurde von dem Soziologen Erving Goffman geprägt. Er nutzte den Begriff, um soziale Interaktionen, die Geschlecht herstellen, zu benennen (Hark und Villa 2015b, 17). Antifeminismus als „Anti-Genderismus“ zu bezeichnen, bedeutet den analytischen Gender-Begriff aufzugeben und antifeministische Deutungen des Begriffs zu übernehmen. Außerdem impliziert der Begriff „Anti-Genderismus“, es gäbe eine Strategie des „Genderismus“ (im Sinne der AntifeministInnen). Damit werden antifeministische Weltbeschreibungen indirekt bestätigt (Scheele 2016, 3–4).

Einige der AkteurInnen, die Gender ins Zentrum setzen, beziehen sich rhetorisch positiv auf Feminismus. Klassisch für solch eine Argumentation ist, herauszustellen, dass es feministischer Maßnahmen zwar bedurft hätte – so wird das Frauenwahlrecht beispielsweise als positive Errungenschaft genannt –, doch jetzt sei die Gleichstellung von Frauen erreicht und weitere Gleichstellungspolitik damit überflüssig (Maihofer und Schutzbach 2015, 208). Choluj Bożena (2015, 220) zeichnet nach, dass die Verschiebung des Fokus auf Gender inhaltlich und zeitlich mit der Weltfrauenkonferenz 1995 in Peking zusammen fiel. Hier tauchte der Begriff Gender erstmals in internationalen Beschlüssen auf. Im Vorfeld hatte der damalige Papst Johannes Paul II. aktiv versucht zu verhindern, dass der Gender-Begriff hier Verwendung findet. So betonte er in einem offenen Brief „An die Frauen" die Bedeutung des binären Geschlechterverhältnisses für das Christentum und machte deutlich, „dass jede Abweichung von der heteronormativen Auffassung der Geschlechterverhältnisse aus Glaubensgründen abzulehnen sei." (Bożena 2015, 220) Im Vatikan beschäftigt man sich, so Bożena weiter, seitdem stark mit (de)konstruktivistischen Gender-Ansätzen[11] und arbeitet aktiv dagegen. Der Begriff „Gender-Ideologie" wurde im Jahr 2000 zum ersten Mal im Umfeld des Vatikans, und zwar seitens des *Päpstlichen Rats für Familie* verwendet (Bożena 2015, 220). Maihofer und Schutzbach beschreiben, dass GegnerInnen (de)konstruktivistische Gender-Ansätze befürchten bzw. behaupten, dass es durch diese Ansätze zur Vermehrung der Geschlechter und damit zu größerer Akzeptanz verschiedener sexueller Orientierungen komme (Maihofer und Schutzbach 2015, 205).

Die Hetze gegen Gender Mainstreaming

Die Debatte um Gender wurde im Jahr 2006 besonders intensiv geführt. Dies hing zum einen mit der Veröffentlichung des

[11] Ich orientiere mich hier an Julia Roßharts Schreibweise (de/konstruktivistisch), wobei ich die Schreibweise minimal geändert habe. Sie merkt hierzu an: „Konstruktivismus bezieht sich auf jene Ansätze, die Geschlechterzuschreibungen und -differenzen als Produkt gesellschaftlicher, diskursiver u.a. Regulierungen ansehen, eine grundlegende biologische Zweigeschlechtlichkeit allerdings nicht in Frage stellen. Dekonstruktivismus bezieht sich dementsprechend auf Ansätze, die die biologische Zweigeschlechtlichkeit selbst als Produkt von gesellschaftlichen, diskursiven u.a. Regulierungsmechanismen verstehen. Diese Trennung ist als idealtypische zu verstehen." (Roßhart 2008, 28).

Buchs *Das Eva-Prinzip* der ehemaligen Tagesschausprecherin Eva Herman im Mai 2006 zusammen. In dem Buch fordert Herman die Rückkehr zu „klassischen“ Mutterbildern. Außerdem kritisierte Herman feministische Ansätze, da diese Geschlechtergleichheit förderten und damit der „göttlichen Ordnung“ widersprächen (Wolff 2006). Im Anschluss an die Veröffentlichung des Buchs wurde medial eine erbitterte Debatte über Mütterlichkeit und Frauenerwerbsarbeit geführt (Lang 2014).

Im selben Jahr und in Überschneidung zur Debatte um Hermans Buch wurde intensiv über die Strategie des Gender Mainstreaming debattiert.[12] Julia Roßhart analysierte in ihrer Magisterarbeit diese Debatte und beschreibt, dass diese insbesondere durch je einen Artikel von Bettina Röhl im *Cicero* (*Die Gender Mainstreaming-Strategie*, bereits 2005), Volker Zastrow in der *Welt* (*Politische Geschlechtsumwandlung*) und René Pfister im *Spiegel* (*Der neue Mensch*) angestoßen wurde. Alle drei Artikel beschäftigten sich ausführlich und abwertend mit Gender Mainstreaming. Als Reaktion auf diese drei Artikel folgte eine große mediale Debatte, die außer im *Spiegel*, der *Zeit* und dem *Cicero* auch in der *Welt*, dem *Stern* und der *Jungen Freiheit* sowie (weiteren) rechten Publikationen intensiv geführt wurde.

[12] Gender Mainstreaming ist eine Gleichstellungsdirektive der Europäischen Union und seit 1999 Leitprinzip in Deutschland. Gender Mainstreaming hat nicht mehr Frauenförderung im „androzentrischen Mainstream“ zum Ziel. Vielmehr geht es um eine geschlechtergerechte (Re-)Organisation von Politik und Gesellschaft (Kiepels 2013, 43). Daher sollen bei allen Entscheidungen die geschlechtsspezifischen Auswirkungen reflektiert werden mit dem Ziel, Geschlechtergerechtigkeit herzustellen. Ein weiteres Ziel der Maßnahmen des Gender Mainstreaming ist wirtschaftliche Unabhängigkeit von Frauen und die Entgeltgleichheit zwischen Männern und Frauen, sowie die Vereinbarkeit von Familie und Beruf. Von einigen Feminist*innen wird Gender Mainstreaming als neoliberale Managementstrategie kritisiert und befürchtet, dass „es […] zu einer Dramatisierung des Geschlechterunterschieds komme anstatt die Herstellung von Unterschieden kritisch zu hinterfragen.“ (Frey 2014, 36).

Auch in Onlineforen und in Kommentarspalten der Onlineauftritte großer Tages- und Wochenzeitungen fand eine rege Diskussion statt. Hier überwogen Roßharts Analyse zufolge vor allem antifeministische Bezugnahmen zum Thema (Roßhart 2008, 23–25).

Roßharts Analyse zeigt, dass es in der Debatte nur vordergründig um Gender Mainstreaming ging. Vielmehr standen feministische Theorien und Praxis grundsätzlich zur Diskussion und es wurde gegen Gleichstellungspolitik und Feminismus argumentiert bzw. gegen selbige gehetzt (Roßhart 2008, 26). Diese Ergebnisse machen deutlich, dass lediglich rhetorisch nicht mehr feministische Ansätze Ziel der Hetze sind. In der Debatte stellten einige JournalistInnen männliche Identität als bedroht dar und beschrieben Feminismus als männerfeindlich (Roßhart 2008, 56–57). Teilweise behaupteten AutorInnen, Feminismus strebe ein totalitäres Regime an, und warnten vor einer drohenden oder schon vollzogenen feministischen Machtübernahme (Roßhart 2008, 49). Im Gestus von Verschwörungstheorien[13] wurde behauptet, dass Gender Mainstreaming gefährlich sei, weil es das Ziel verfolge, die Biologie abzuschaffen, um neue Herrschaftsverhältnisse zugunsten von Frauen zu schaffen (Kiepels 2013, 44–46). Darüber hinaus wurde Gender Mainstreaming, obwohl die Strategie demokratisch legitimiert ist, häufig als feministisches Geheimprojekt dargestellt (Roßhart 2008, 48) und Gender Mainstreaming mit dem Begriff „Zwang“ assoziiert und als Eingriff in die persönliche Entwicklung beschrieben (Roßhart 2008,

[13] Zentrale Argumentationslogiken von Verschwörungstheorien sind, dass eine nicht weiter definierte Elite die Geschicke der Gesellschaft steuere und gesellschaftliche Strukturen zerstöre (Culina 2018, 106). Als weitere zentrale Elemente gelten „Projektion und Personifizierung: Stets wird einer kleinen aber machtvollen Gruppe unterstellt, die Menschen über den Tisch zu ziehen – in Form eines manichäischen Kampfes des 'Bösen' gegen die 'Guten'.“ (Jaecker 2014, 275).

86). Sandra Kiepels macht deutlich, dass die Debatte auf der Vorstellung der Determination von Geschlecht aufbaut und jegliche Hinweise auf Veränderbarkeit oder Pluralität als Zwang abgewehrt wird (Kiepels 2013, 44–46). Als Gegenargumente gegen (de)konstruktivistische Gender-Ansätze wird, ähnlich wie im Kaiserreich gegen feministische Bestrebungen, mit Alltagswissen, naturwissenschaftlichen Erkenntnissen und Religion argumentiert (Roßhart 2008, 32). Darüber hinaus argumentieren einige JournalistInnen volkswirtschaftlich. Insbesondere in der *Jungen Freiheit* wird Gender Mainstreaming vorgeworfen, dass es lediglich Steuergelder verschlingen würde (Müller 2011, 80).

Wie schon im Kaiserreich wird auch in dieser Debatte auf den demografischen Wandel Bezug genommen und der Feminismus für die sinkenden Geburtenraten verantwortlich gemacht. Daraus wurde die Forderung abgeleitet, dass sich Frauen auf die, in den Augen der AntifeministInnen, natürliche Rolle der kinderreichen Mutter rückbesinnen sollen (Roßhart 2008, 21). Die Geschlechterforscherin Christiane Thorn betont, dass in der Debatte vor allem die Kinderlosigkeit von Akademikerinnen diskutiert wurde. Frauen, die in prekären Verhältnissen leben, werden nicht angesprochen. Es scheint also darum zu gehen, dass die „richtigen" Frauen Kinder bekommen sollen. Außerdem werden lediglich Frauen in die Verantwortung genommen und als „Geburtenverweigerinnen" dargestellt, wohingegen nicht darüber diskutiert wird, warum Männer keine bzw. nur wenig Sorgearbeit leisten (Thorn 2007, 3). Dies zeigt, dass die Thematisierung des demografischen Wandels hier als Abwehr feministischer Maßnahmen und Forderungen genutzt wird. Die angestrebte Bevölkerungspolitik zeigt sich dabei ethnisch bis völkisch aufgeladen, denn die Zuwanderung von Menschen aus dem Ausland wird an keiner Stelle als Lösung für eine alternde Gesellschaft in Betracht gezogen.

Ähnlich wie bei der Debatte um „political correctness“ macht Roßhart als längerfristiges Ergebnis der Debatte aus, dass antifeministische Aussagen modernisiert und diese dadurch (wieder) salonfähig wurden (Roßhart 2008, 90). Sebastian Scheele hält fest, dass Deutschland, womöglich aufgrund der vehementen Kritik gegen Gender Mainstreaming, neben den stark durch die Katholische Kirche geprägten Ländern Irland und Slowakei, das einzige Land in der EU ist, in dem keine Institutionen und Strukturen zur Umsetzung von Gender Mainstreaming verankert sind. Nichtsdestotrotz sprechen sich AntifeministInnen weiterhin vehement gegen Gender Mainstreaming aus. Daher kommt Sebastian Scheele zu dem Ergebnis:

> „Wenn wir es ganz einfach zusammenfassen wollen: Auf der bundesdeutschen Ebene ist Gender Mainstreaming tot. [...]. [Trotzdem lebt] Gender Mainstreaming als untote Angstfantasie im vater-mutter-kind-Antifeminismus weiter.“ (Scheele 2016, 11–12).

Angriffe gegen (de)konstruktivistische Gender-Ansätze und Gender Studies

Neben Gender Mainstreaming, das ja auch den Begriff Gender im Namen trägt, der AntifeministInnen regelmäßig zur Schnappatmung neigen lässt, stehen insbesondere (de)konstruktivistische Gender-Ansätze und Gender Studies im Zentrum antifeministischer Hetze. Sabine Hark und Paula Irene Villa beschreiben, dass AntifeministInnen (de)konstruktivistische Gender-Ansätze dahingehend richtig verstanden haben, dass diese Geschlecht als sozialen Prozess und nicht als natürlich betrachten. Sie argumentieren, dass sich AntifeministInnen dagegen wehren, dass an der Vorstellung, Geschlecht sei etwas Vorsoziales, gerüttelt wird und deshalb vehement an dessen Essentialisierung fest halten (Hark und Villa 2015a, 7).

AntifeministInnen fühlen sich von verschiedenen Implikationen (de)konstruktivistischer Gender-Ansätze bedroht oder behaupten dies, um ihre Hetze und Angriffe zu legitimieren: So drohe durch (de)konstruktivistische Gender-Ansätze eine Vervielfältigung von Geschlechtern und damit ein Erodieren der binären Geschlechterordnung, sowie eine oft befürchtete Homo-Sexualisierung der Gesellschaft. Im Widerspruch zur Angst vor Vervielfältigung der Geschlechter wird eine Furcht vor Gleichmacherei und Umerziehung[14] durch Feminist*innen geäußert. Diese Aspekte werden Schutzbach und Maihofer zufolge deshalb als Bedrohung wahrgenommen, weil davon ausgegangen wird, dass ohne die bestehende Geschlechterordnung der innere und äußere Zusammenhalt der Gesellschaft nicht mehr gegeben sei (Maihofer und Schutzbach 2015, 203). Vertreter*innen der Gender Studies, als Personifizierungen (de)konstruktivistischer Gender-Ansätze, wird vorgeworfen, sie würden die natürlichen Rest-Unterschiede zwischen Frauen und Männern nicht anerkennen und die Gesellschaft ihrer natürlichen Elemente (Zweigeschlechtlichkeit und Heterosexualität) berauben. Dieses vermeintliche Ziel wird als totalitär beschrieben und mit Bildern des Untergangs der Kultur, des Abendlands und der Bildung verknüpft (Hark und Villa 2015b, 17–18).

Ein weiterer Vorwurf lautet, dass Gender Studies lediglich Steuergelder verschwenden und keinen wissenschaftlich oder gesellschaftlich relevanten Nutzen hätten. Diese Behauptung geht teilweise so weit, dass eine Verschwörung gezeichnet wird, in

---

[14] Vivien Laumann und Katharina Debus beschreiben, dass der Begriff Umerziehung auf den englischen Begriff „reeducation" verweist, der die Entnazifizierung in Deutschland und Österreich durch die Alliierten nach 1945 beschreibt. Es liegt die Vermutung nahe, dass durch diese Begriffswahl eine Ablehnung gegen Entnazifizierung und ein grundlegender Anti-Amerikanismus ausgedrückt werden. (Laumann und Debus 2018, 282).

der der elitäre Staat bzw. die EU BürgerInnen mithilfe der Gender Studies manipuliere (Schutzbach 2016, 584). Um (de)konstruktivistische Gender-Ansätze abzuwehren, wird oft auf Erkenntnisse der Naturwissenschaften verwiesen, ohne sich jedoch näher mit deren Inhalten auseinanderzusetzen. GegnerInnen (de)konstruktivistischer Gender-Ansätze argumentieren dabei meist streng bzw. pseudo-positivistisch und theoriefeindlich (Maihofer und Schutzbach 2015, 210–11). So scheinen sie davon überzeugt, dass gesellschaftliche Prozesse nach biologischen Automatismen ablaufen. Diese Absage an Komplexität und kritische Reflexion zeugt von einer anti-intellektuellen und autoritären Geisteshaltung (Schutzbach 2016, 589). Der Soziologe Manfred Köhnen argumentiert, dass der Vorwurf der Unwissenschaftlichkeit dabei dem Erhalt der bestehenden Geschlechterverhältnisse dient (Köhnen 2014, 52–53). Maihofer und Schutzbach ergänzen, dass diese Argumentationen eine Zurückweisung an jegliche Vorstellung von Veränderbarkeit darstellen (Maihofer und Schutzbach 2015, 210–11).

Da sich KritikerInnen (de)konstruktivistischer Gender-Ansätze oft grundlegend gegen historische, kritische und (de)konstruktivistische Forschungsansätze aussprechen, betrachten Schutzbach und Maihofer Angriffe gegen Gender Studies als generelle Angriffe auf kritische Sozial-, Geistes- und Kulturwissenschaften (Maihofer und Schutzbach 2015, 210–11). Doch obwohl die Angriffe in ihrer Argumentation oft auf einem reinen Alltagsverständnis aufbauen und allen kritischen Wissenschaften entgegenstehen, gibt es seitens anderer kritischer Wissenschaften nur wenig Unterstützung und Solidaritätsbekundungen (Detjen 2015). Gründe hierfür können zum einen darin liegen, dass beispielsweise auch politikwissenschaftliche und soziologische Institute oft stark männlich dominiert sind und feministische Studien auch hier gerne belächelt werden. Darüber hinaus hat das Diktum der unternehmerischen Hochschule und das Hauen und

Stechen um einen Exzellenztitel reale Konsequenzen: Kritische (Geistes- und Sozial-)Wissenschaften sind oft weniger drittmittelstark als andere Fächer in der Hochschule, stehen damit in einem großen Konkurrenzverhältnis zueinander und unter großem Legitimationszwang. Da bleibt wenig Raum für Solidarität.

Auch bei den großen Wissenschaftsdemonstrationen wie dem *March for Science*, bei denen sich für eine freie Wissenschaft und gegen „Fake News" ausgesprochen wurde, wurde hauptsächlich auf naturwissenschaftliche Fakten Bezug genommen und gegen Klimaleugner*innen mobil gemacht. Solidarität mit kritischen, nicht rein empirischen Wissenschaften, die vor allem grundsätzliche Fragen stellen und weniger darauf ausgelegt sind empirische Fakten zu liefern, wie die Gender Studies, blieben beim *March for Science* großteils unerwähnt, obwohl sie mindestens gleichermaßen im Fokus rechter Angriffe stehen.

Die Angriffe gegen Gender Studies in Deutschland werden insbesondere von der AfD vehement vorangetrieben. So stellte die AfD beispielsweise im März 2019 eine Kleine Anfrage an den Deutschen Bundestag mit Bezug auf das Forschungsprojekt „KRisE der GeschlechterVERhältnisSE? Anti-Feminismus als Krisenphänomen mit gesellschaftsspaltendem Potenzial" (REVERSE), das an der Universität Marburg angesiedelt ist. Die AntragstellerInnen unterstellen dem Projekt „Männerfeindlichkeit" und sehen sich durch eine „Entfremdung der Geschlechter" bedroht. Sie versuchen so, das Forschungsprojekt zu diskreditieren und unter Druck zu setzen. Auch auf den Landesebenen ist die AfD auf diese Weise aktiv.

Dass kontinuierliche Hetze gegen Gender Studies reale Folgen haben kann, zeigte sich in Ungarn. Im Oktober 2018 verkündete die Regierung um Victor Órban, dass keine neuen Studierenden im Fach Gender Studies mehr zugelassen werden. Dies bedeutet de facto ein Verbot der Gender Studies in Ungarn (Petö 2018).

Männerzentrierter Antifeminismus

Eine weitere antifeministisch geprägte Debatte folgte ab September 2010, als die *Europäische Kommission* eine „Fünfjahresstrategie für mehr Chancengleichheit von Frauen und Männern in Europa“ beschloss. Eines der Ziele dieser Strategie war es, mehr Frauen* in Führungspositionen zu bringen. Am 8. März 2012, passend zum Internationalen Frauen*tag, kündigte die Kommission an, auf eine verbindliche Frauenquote in Vorständen und Aufsichtsräten hinzuarbeiten.[15] Über diesen Beschluss wurde in vielen deutschen Tages- und Wochenzeitungen intensiv diskutiert (Kiepels 2013, 50–51). In ihrer Masterarbeit untersuchte Sandra Kiepels diese Debatte anhand von 140 Zeitungsartikeln aus dem Jahr 2012. Dabei waren Artikel aus der *Zeit*, der *Frankfurter Allgemeinen Zeitung*, der *Welt*, der *Süddeutsche Zeitung*, auf *Spiegel Online*, der *Jungen Freiheit* und dem *Cicero*. Kiepels kommt zu dem Ergebnis, dass in der Debatte strukturelle Bedingungen, beispielsweise der geschlechtsspezifische ungleiche Zugang zu Führungspositionen oder die ungleiche Verteilung unbezahlter Sorge- und Pflegearbeiten, meist nicht benannt wurden. In etwa einem Viertel der Artikel wird die Frauenquote unter dem Schlagwort „Männerdiskriminierung“ beschrieben (Kiepels 2013, 67–69). Viele Artikel, auch solche, die sich positiv auf die Quote beziehen, argumentieren mit binären Geschlechterbildern und grundsätzlichen Unterschieden zwischen

[15] Im Zuge dessen trat in Deutschland am 1. Mai 2015 das „Gesetz für die gleichberechtigte Teilhabe von Frauen und Männern an Führungspositionen“ (FüPoG) in Kraft. In dem Gesetz ist geregelt, dass eine Geschlechterquote von 30 Prozent für neu zu besetzende Aufsichtsratsposten in etwa 100 großen Unternehmen gilt (Bundesministerium für Familie, Senioren, Frauen und Jugend 2017). Die von mir zitierten Publikationen analysieren die Debatte vor der Einführung dieser Frauenquote in Führungspositionen. Es wäre interessant zu betrachten, ob sich die Stimmung in den Medien veränderte, als die Frauenquote schließlich eingeführt wurde.

Männern und Frauen. Im Großteil der analysierten Artikel sprachen sich die Journalist*innen gegen die Quote aus. In der *Zeit* äußerte man sich zur Frauenquote ambivalent, lediglich Journalist*innen der *Süddeutschen Zeitung* bezogen sich durchweg positiv auf die Frauenquote (Kiepels 2013, 52–54).

In vielen Artikeln wird die Frauenquote als Minderheitenpolitik beschrieben, die nur wenigen Frauen nütze, aber der (männlichen) Allgemeinheit schade. Dies entspricht strukturell den Argumentationen, die sich gegen das Gesetz gegen sexuelle Belästigung am Arbeitsplatz richteten. Studien, die eine Frauenquote für notwendig erachten, wird vorgeworfen, sie seien unwissenschaftlich (Kiepels 2013, 67). Als weiteres Argument gegen die Frauenquote wird zudem mehrmals angeführt, dass diese das Leistungsprinzip außer Kraft setze und die freie Wirtschaft darunter leide, wenn nun gezwungenermaßen unqualifizierte Frauen Führungspositionen übernähmen. In 42 Prozent der zu diesem Thema ausgewerteten Artikel wird die Frauenquote dementsprechend unter dem Schlagwort „Zwang“ geführt und Begriffe wie „Einmischung“, „Zwangsquote“ und „Zwangsregelung“ verwendet (Kiepels 2013, 70). Reinhard Sprenger geht in einem Artikel in der *Welt* gar so weit, die Frauenquote mit dem Kastenwesen in Indien und sozialistischer Planwirtschaft in Verbindung zu stellen:

> „Der Geschlechterproporz hat zudem eine Gesellschaftsstruktur vor Augen, die man in Europa eigentlich überwunden glaubte: den Ständestaat, das Kastenwesen. Der Lebensweg des Einzelnen wird von der Geburt bis zum Tod unüberwindlich sozial eingemauert vom Geschlecht. Sind nicht planwirtschaftliche Volksbeglückungen schon einmal gescheitert?“ (Sprenger 2012)

Sprenger ignoriert dabei völlig, dass in der sozialen Realität gesellschaftlicher Status noch immer massiv vom Geschlecht beeinflusst ist und die Frauenquote, eben jener sozialen Vorbestimmtheit entgegenwirken soll.

Anschließend und parallel zur Debatte um die Benachteiligung von Männern auf dem Arbeitsmarkt aufgrund einer Frauenquote verlief die Debatte um eine kollektive Benachteiligung von Jungen im Bildungsbereich. In der Schule wurde eine „kulturelle Feminisierung“ aufgrund eines steigenden Anteils weiblicher Lehrkräfte kritisiert. Dieser sei problematisch, da Lehrerinnen die spezifischen Bedürfnisse von Jungen nicht gerecht würden. Dies widerspricht jedoch Studien, die zeigen, dass das Geschlecht der Lehrperson meist überschätzt wird und viel mehr die pädagogischen Kompetenzen und der Charakter der Lehrer*innen ausschlaggebend sind für den Schulerfolg der Schüler*innen. Der Debatte ist inhärent, dass alle Jungs kollektiv als Bildungsverlierer dargestellt werden und binnengeschlechtliche Unterschiede, beispielsweise dass soziale, geografische oder ethnische Herkunft deutlich ausschlaggebender für den Schulerfolg ist als das Geschlecht, ausgeblendet werden (Scambor und Jauk 2018, 167–69).

Auch in der Debatte zu Gewalt gegen Männern wird eine männliche Opferideologie deutlich. Angestoßen wurde diese insbesondere durch eine Studie des mittlerweile emeritierten Soziologieprofessors Gerhard Amendt aus dem Jahr 2003, in der er zu dem Ergebnis kommt, dass die Gewalt in heterosexuellen Partner*innenschaften gleichverteilt sei und in der Tendenz eher von Frauen ausging. Die Studie ist mindestens aus methodischen Gründen zu kritisieren, denn Amendt erhob ausschließlich Berichte aus einschlägigen antifeministischen Väterforen und schloss eine Mehrfachbeteiligung bei der Befragung nicht aus, was eine starke Verzerrung der Ergebnisse nahelegt (Rosenbrock 2012a, 5). In der Studie wurde auch keine Gewichtung der Gewalthandlung aufgrund von Schwere, Häufigkeit oder Folgen der

Tat vorgenommen. Die Studie von Amendt widerspricht jeglichen Kriminalstatistiken und unabhängigen, qualitativ besseren Studien. Es wird völlig außer Acht gelassen, dass Frauen* deutlich häufiger vom (Ex-)Partner getötet werden und auch deutlich häufiger von sexueller Gewalt betroffen sind als Männer (Scambor und Jauk 2018, 171–74).

Familienzentrierter Antifeminismus

Eine weitere antifeministische Welle braute sich ab 2011 zusammen. Diese Welle war zunächst wenig lautstark, wurde aber spätestens seit Birgit Kelles antifeministischer Antwort „Dann mach doch die Bluse zu“ auf die durch den #Aufschrei ausgelöste gesellschaftliche Debatte zu Alltagssexismus (Lang und Peters 2018, 24) und die Gründung der AfD vehementer und gesellschaftlich einflussreicher (Lang 2015, 173). Dieser Entwicklung vorausgegangen war laut Thomas Gesterkamp, dass viele Konservative, enttäuscht von der Familienpolitik der großen Koalition (2005-2009), die u.a. vom Leitbild der erwerbstätigen Frau geprägt war, die Nähe zu rechtskonservativen Strömungen und evangelikalen sogenannten LebensschützerInnen suchten (Gesterkamp 2010, 8). Seitdem wird von AntifeministInnen ein neues Angst-Szenario gezeichnet: das Ende der heterosexuellen weißen Kleinfamilie. Die damit verbundenen Warnungen gelten nun einer vermeintlichen Umerziehung und Sexualisierung, insbesondere von Kindern, durch Feminist*innen und staatliche Institutionen. Da hier vermehrt das Bild der heteronormativen Kleinfamilie im Zentrum der Debatte steht, lässt sich von einer Verschiebung weg von männerzentriertem hin zu familienzentriertem Antifeminismus sprechen (Scheele 2016, 6 und Buschmann u. a. 2017, 29).

Ein Aufhänger für diese Debatte war das Buch *Sexualpädagogik der Vielfalt* aus dem Jahr 2012. Vivien Laumann und Katharina Debus arbeiten heraus, dass die Kritik daran auf der Vorstellung basiert, dass Kinder keine Sexualität hätten und erst durch eine in den Augen vieler AntifeministInnen zu früh einsetzende Sexualpädagogik Interesse an Sexualität entwickeln würden, was wiederum zu sexuellen Übergriffen auf Kinder führe. Dies widerspricht zahlreichen Forschungen, die zeigen, dass Kinder eine eigene Sexualität haben und dass sexualpädagogische Konzepte bereits ab der Kita ansetzen sollten, um eine effektive Prävention gegen sexuelle Grenzverletzungen unter Kindern und sexualisierte Gewalt durch Erwachsene zu bieten. Hinter den Angriffen gegen eine emanzipierte Sexualpädagogik steht die Forderung insbesondere christlich-fundamentalistischer Eltern, selbst darüber entscheiden zu können, inwiefern Kinder und Jugendliche Bildung zum Thema Sexualität erhalten sollen, die über das Wissen zur biologischen Fortpflanzung und sexuell übertragbare Krankheiten hinaus geht. Laumann und Debus stellen heraus, dass diese Forderungen jedoch dem Bildungsauftrag des Staates und vor allem dem Menschenrecht auf Bildung widersprechen (Laumann und Debus 2018, 278–81). Sie betonen, dass es das Ziel von Sexualpädagogik sei, „die eigenen Grenzen und die Grenzen anderer wahrzunehmen, zu erkennen und zu achten." (Laumann und Debus 2018, 281)

Insgesamt wird in der Debatte gefordert, dass die bürgerliche Kleinfamilie, wobei hierunter lediglich die Konstellation („deutsche/r", „weiße/r") Vater-Mutter-Kind(er) verstanden wird, vor staatlichen Eingriffen geschützt werde. Die AkteurInnen inszenieren sich dabei als VerteidigerInnen traditioneller Familien- und Geschlechterbilder, denn diese verstehen sie als natürliche bzw. je nach Ausprägung göttliche Weltordnung (Lang 2014). Viele der AkteurInnen, insbesondere Mitglieder der AfD, verstehen Familienpolitik als Bevölkerungspolitik. So wird als

Gegenentwurf zu einer als krisenhaft beschriebenen demografischen Entwicklung Deutschlands das Ziel verfolgt, die Norm der heterosexuellen Mehrkindfamilie zu stärken (Lang 2015, 172–174). Viele dieser Positionen weisen Überschneidungen zu rassistischen und völkischen Vorstellungen auf. So spricht die AfD in Bezug auf die heterosexuelle Kleinfamilie beispielsweise von der „Keimzelle der Nation" (Buschmann u. a. 2017, 29). Dass es den AkteurInnen, insbesondere der AfD, nicht um den Schutz aller Familien geht, sondern ihre Familienpolitik deutlich völkisch aufgeladen ist, zeigt sich u.a. an der von der *Zivilen Koalition*, einem klerikal-aristokratischen Netzwerk um die AfD-Politikerin Beatrix von Storch, initiierten Petition *Familiennachzug stoppen* (Feministisch-antifaschistischer Arbeitskreis Berlin 2017). In der Petition wird gefordert, dass der Familiennachzug von bereits in Deutschland lebenden Geflüchteten unterbunden wird. Denn sonst würden „Kettennachzüge unvorstellbaren Ausmaßes [drohen], da gerade arabische Familien eine große Anzahl von Personen aufweisen." (Zivile Koalition o. J.)

Eine gemeinsame Mobilisierung verschiedenster AkteurInnen, insbesondere aus dem christlich-fundamentalistischen Milieu, fand durch die Proteste gegen die Neufassung des Bildungsplans für das Schuljahr 2015/16 in Baden-Württemberg statt (Teidelbaum 2015, 12). Gegen den Entwurf, die Akzeptanz sexueller Vielfalt sowie verschiedener Arten des Zusammenlebens als eines von verschiedenen Leitprinzipien im Bildungsplan zu verankern, startete ein Realschullehrer aus dem pietistischen Milieu eine Petition. Diese unterzeichneten über 200.000 Personen. In der Petition gegen den Bildungsplan wird argumentiert, dass Homosexualität eine gefährliche Lebensweise sei. Dies würde durch die hohe Suizidrate bei homosexuellen Jugendlichen belegt („Kein Bildungsplan 2015 unter der Ideologie des Regenbogens" 2014). Also wird nicht die fehlende gesellschaftliche Akzeptanz, sondern die Art des Liebens und Begehrens als ursächliche Erklärung für die höhere Suizidrate angeführt. Dieses Argument geht darauf zurück, dass einige Teilnehmende Homosexualität für eine Krankheit halten, die geheilt werden müsse (Teidelbaum 2015, 10–11).

Der Online-Protest wurde in Gestalt großer Demonstrationen zunehmend auf die Straße getragen. Bei diesen Protesten traten insbesondere GegnerInnen von Schwangerschaftsabbrüchen, die sich selbst als „Lebensschützer" beschreiben, dominant auf (Billmann 2015, 3–4). Im Zuge dieser Proteste kam es zu mehreren Demonstrationen in Stuttgart, aber auch in Bundesländern, in denen die Bildungspläne in ähnlicher Weise überarbeitet werden sollten (Nordrhein-Westfalen, Bremen, Berlin und Niedersachsen). In Stuttgart besuchten die erste Demonstration etwa 500, die späteren etwa 2000 Menschen (Teidelbaum 2015, 6). Seitdem ab der dritten Demonstration auch gegen die Öffnung der Ehe für gleichgeschlechtliche Paare Position bezogen wurde, trugen die Demonstrationen den Namen *Demo für alle,* in Anlehnung an die *Manif pour tous*-Demonstrationen in Frankreich. Dort demonstrierten Hunderttausende Menschen gegen die gleichgeschlechtliche Ehe und das Adoptionsrecht für gleichgeschlechtliche Paare (Teidelbaum 2015, 11). Auf den Demonstrationen und generell im Zuge der Debatte wurde behauptet, dass die Umgestaltung des Bildungsplans eine Erziehungsdiktatur und Gehirnwäsche an Kindern zum Ziel habe. Diese Behauptung wurde mit genereller Hetze gegen Gender Mainstreaming und Gender Studies verbunden (Feministisch-antifaschistischer Arbeitskreis Berlin 2017). Viele GegnerInnen der Neufassung des Bildungsplans imaginieren einen mächtigen und omnipotenten Feminismus. So behaupten einige sogenannte LebensschützerInnen, dass feministische Bewegungen die christliche Weltordnung zerstören würden. Auf der Seite babycaust.de malen sie aus, dass Feminist*innen einen teuflischen Plan verfolgen: Die Forderungen nach Gleichberechtigung und körperlicher Selbstbestimmung würden dazu dienen, familiäre Strukturen aufzuweichen. Darüber hinaus würde die Forderung nach völliger Legalisierung von Schwangerschaftsabbrüchen dazu führen, dass die deutsche Bevölkerung ausstirbt, was von Feminist*innen in Zukunft wiederum als Argument für eine geplante Masseneinwanderung instrumentalisiert würde. Dies würde in seiner Konsequenz zu Islamisierung und islamistischem Terror führen. Diese Äußerungen sind durchaus als Zuspitzungen zu betrachten. Jedoch ist die Vorstellung einer gefährdeten weiß-deutschen Heterofamilie in verschiedenen politischen Milieus vorhanden und garantiert ein großes Mobilisierungspotenzial (Feministisch-antifaschistischer Arbeitskreis Berlin 2017).

Juliane Lang ordnet die Äußerungen gegen den Bildungsplan als einen antimodernen Diskurs über Geschlecht ein, mit dem Ziel, eine Naturalisierung und Vereindeutigung von Männlichkeit und Weiblichkeit zu erreichen (Lang 2014). Außerdem hebt sie hervor, dass geschlechter- und familienpolitische Themen als Scharnier zwischen konservativer, extremer und religiöser Rechter sowie dem bürgerlichen Mainstream dienen (Lang 2015, 174). So waren bei den *Demos für alle* in Stuttgart neben organisierten Neonazis und MaskulinistInnen (Lang 2014) auch die FDP und CDU indirekt involviert, da sie Grußworte an die Teilnehmenden sandten (Frey u. a. 2014, 10). Darüber hinaus war die Hauptorganisatorin der Proteste Hedwig von Beverfoerde während ihrer Zeit als Organisatorin CDU-Mitglied und die Publizistin Birgit Kelle, die oft bei den Demonstrationen in Stuttgart sprach, wird regelmäßig von der CSU und der sächsischen CDU als „Gender-Expertin" eingeladen (Feministisch-antifaschistischer Arbeitskreis Berlin 2017).

Die Proteste gegen die Neufassung des Bildungsplans in Baden-Württemberg zeigten offenbar Wirkung. So wurde nach einem Treffen zwischen dem baden-württembergischen Ministerpräsident Winfried Kretschmann (Grüne) und Mitgliedern der *Evangelischen Allianz*, einem evangelikalen Netzwerk, das stark in die Proteste involviert war, der Bildungsplan nochmals überarbeitet. In der neuen Version wird kein besonderer Fokus mehr auf der Vermittlung von Akzeptanz für sexuelle und geschlechtliche Vielfalt gelegt (Billmann 2015, 3). Teidelbaum argumentiert, dass darüber hinaus durch die Proteste Personen aus dem Spektrum der christlichen FundamentalistInnen politisiert wurden. Zunehmend tragen diese ihre Meinung auf die Straße, und dies nicht nur bei den Protesten in Stuttgart, sondern auch bei den großen sogenannten *Märschen für das Leben* (früher „1000-Kreuze-Märsche") gegen Schwangerschaftsabbrüche in Berlin und anderen europäischen Städten (Teidelbaum 2015, 14). Im Vorfeld der Bundestagswahl 2017 tourte darüber hinaus ein sogenannter *Bus der Meinungsfreiheit* durch Deutschland, um Stimmung gegen sexuelle und geschlechtliche Vielfalt zu machen. Diese Tour wurde von einem ähnlichen Personenkreis wie die *Demos für alle* organisiert. So war Hedwig von Beverfoerde die Hauptorganisatorin des *Bus der Meinungsfreiheit*.

Juliane Lang und Ulrich Peters sehen „die Gefahr dieser »Allianzen« nicht in der offenen Unterstützung von Seiten der neonazistischen Rechten, sondern darin, dass hier anlassbezogen Bündnisse geschmiedet werden, die sich inhaltlich nicht weit entfernt von völkischen Familienpolitiken bewegen." (Lang und Peters 2014). Sebastian Scheele betont, dass sich diese Entwicklungen nicht unabhängig von der parlamentarischen Politik vollzogen haben. Er führt aus, dass auch hier, teils subtil, teils offensiv, Familienpolitik als Bevölkerungspolitik verstanden wird. So wird insbesondere seitens der CSU ein selektiver Pronatalismus (deutsche Akademikerinnen sollen Kinder bekommen) propagiert. Dies begünstigt das gesamtgesellschaftliche Erstarken bevölkerungspolitischer Argumente, die auch dem Vater-Mutter-

Kind(er)-Antifeminismus zugrunde liegen (Scheele 2016, 10–11).

In der Gesamtbetrachtung der inhaltlich-thematischen Entwicklungen fällt auf, dass Antifeminismus stets dann zunimmt, wenn feministische bzw. gleichstellungspolitische Forderungen umgesetzt werden – sei es das Gesetz gegen sexuelle Belästigung am Arbeitsplatz, die Debatte um eine Frauenquote, die Neufassung des Bildungsplans in Baden-Württemberg oder die Implementierung des Gender Mainstreamings. Für die Debatte zu „political correctness" hält Simon Möller daher fest:

> „Auch in den Medien erfolgte dieser in der Politik zu beobachtende konservative Rückschlag gegen von Frauen erstrittene gesellschaftliche Positionen zu einem Moment, da diese in geschriebenes Recht gegossen wurden (so lückenhaft dieser Prozeß auch noch sein mag)." (Möller 1999, 53)

In diesem Sinne lässt sich festhalten, dass Antifeminismus immer eine Gegenstrategie gegen tatsächliche Veränderungen der gesellschaftlichen bzw. juristischen Verhältnisse ist. Antifeminismus ist dabei kein neues Phänomen, sondern wird durch gesellschaftliche bzw. juristische Veränderungen aktiviert und mobilisiert.

Strömungen und AkteurInnen[16]

Die Beschreibung der antifeministischen Entwicklungen seit 1990 zeigte bereits, dass verschiedenste Strömungen und AkteurInnen im Antifeminismus vertreten sind. Wie schon im Kaiserreich liegen den Gruppierungen verschiedene Weltsichten zugrunde, wobei die meisten AkteurInnen ein mindestens konservatives Weltbild teilen, das eng verbunden ist mit der Vorstellung starrer, bipolarer Geschlechterverhältnisse. Da Feminismus, bzw. gewisse Varianten des Feminismus, dieses konservative Weltbild in Frage stellen, eignet er sich als gemeinsames Feindbild und kann als Bindeglied der verschiedenen Strömungen dienen. Im Folgenden stelle ich jene Varianten des Antifeminismus vor, die einen hohen Organisationsgrad aufweisen und daher von der Forschung ausführlich analysiert werden.

[16] Frey u.a. nennen in ihrer Publikation „Gender, Wissenschaftlichkeit und Ideologie: Argumente im Streit um Geschlechterverhältnisse“ von 2014 fünf Akteursgruppen im organisierten Antifeminismus: journalistische Gender-Gegnerschaft, „Wissenschaftlichkeitswächter“, christlicher Fundamentalismus, explizit antifeministische Akteurinnen und Akteure sowie rechte Organisationen (Frey u. a. 2014, 18–19). Diese Akteursgruppen tauchen auch hier auf, doch habe ich die Einteilungen teilweise anders vorgenommen, um aktuellere Forschungen und beispielsweise noch um die Strömungen neoliberaler (Anti)Feminismus und Maskulinismus ergänzt.

Neoliberaler (Anti-)Feminismus[17]

„Frauenpolitik kommt im »neuen« Feminismus ohne kritische Gesellschafts- und Machtanalyse aus. Frauen etwa in prekären sozialen Situationen sucht man in der Literatur des konservativen und Elite-Feminismus umsonst.“

(Klaus 2008, 182)

Eine Strömung, die nur uneindeutig in das konservative Spektrum einzuordnen ist, ist die in der Forschung als neoliberaler Elite-, Post- oder Antifeminismus beschriebene.[18] Julia Roß-

---

[17] Da in der Forschung Uneinigkeit darüber herrscht, ob diese Strömung als Antifeminismus oder eher Post- bzw. Elitefeminismus einzuordnen ist, verwende ich die Schreibweise „Neoliberaler (Anti-)Feminismus“, um diese Uneindeutigkeit zu verdeutlichen. Viele Akteur*innen dieses Spektrums verstehen sich selbst als Feminist*innen. Die im Folgenden vorgestellten Ausführungen machen hingegen deutlich, dass diese Strömung in ihren Auswirkungen ebenfalls vielen feministischen Entwicklungen und Forderungen entgegenläuft.

[18] Neoliberalismus wird von Christoph Butterwegge als eine Ideologie beschrieben, die sowohl das Alltagsbewusstsein vieler Menschen beherrscht und gleichzeitig eine wichtige Triebkraft für Globalisierungsprozesse darstellt. Neoliberalismus entstand ursprünglich in den 1930er Jahren als Reaktion auf die damalige Weltwirtschaftskrise und hatte das Ziel, die Wirtschaft marktorientiert und nach dem Leistungsprinzip umzustrukturieren. Mittlerweile hat sich dieser Ansatz zu einer Sozialphilosophie entwickelt „welche die ganze Gesellschaft im Rahmen eines strategischen Plans nach dem Modell von Markt und Leistungskonkurrenz (um)gestalten will, wobei ihr der Wettbewerb zwischen (arbeitenden) Menschen, Unternehmen, Regionen und Nationen, kurz: »Wirtschaftsstandorten« unterschiedlicher Art, als Wundermittel zur Lösung aller Probleme erscheint.“ (Butterwegge 2008, 203). Als Postfeminismus werden einige feministische Ansätze bezeichnet, die auf dekonstruktivistischen Gender-Ansätzen aufbauen. Über einige daraus abgeleitete Entwicklungen wird in der feministischen Theorie intensiv diskutiert. So geht Angela McRobbie u.a. in *The aftermath of feminism. Gender, culture and social change* (McRobbie 2009), der Frage nach, wie im popkulturellen Bereich (als Ausgangspunkt dient ihr die Roman- bzw. Filmfigur Bridget Jones) feministische Anliegen kommerzialisiert und damit trivialisiert werden (McRobbie 2009, 11–23). Hieran zeigt

hart beschreibt, dass von neoliberalen (Anti-)FeministInnen hierarchische Ungleichheitsverhältnisse nicht als strukturell, sondern als individuell zu lösend betrachtet werden. Im Sinne einer neoliberalen Logik lehnen sie jegliche staatlichen Interventionen und Regulierungen ab (Roßhart 2008, 21–23). Schutzbach zeigt, dass antifeministische Diskurse der Abwehr gesellschaftlicher Verantwortung dienen. Dies gelingt, indem neoliberale (Anti-)FeministInnen (feministische) Bestrebungen zur gesellschaftlichen Veränderung als totalitär beschreiben (Schutzbach 2016, 585). Die Kommunikationswissenschaftlerinnen Elisabeth Klaus und Margreth Lüneborg richten den Blick auch auf popkulturelle Entwicklungen. Sie arbeiten heraus, dass in fiktionalen Medien verstärkt moderne Frauen- und Männerbilder präsent sind (Klaus und Lüneborg 2013, 83) und Medien sich in der Adressierung junger Mädchen einer emanzipatorischen Rhetorik bedienen und insbesondere die Wahl- und Entscheidungsfreiheiten in den Vordergrund stellen (Klaus und Lüneborg 2013, 86). Wenn dadurch jedoch strukturelle Ungleichheitsbedingungen außer Acht gelassen werden, werden ökonomische Missverhältnisse individualisiert statt dass gesellschaftlich ungerechte Bedingungen kritisiert werden. Lüneborg und Klaus formulieren dies folgendermaßen:

> „Neoliberalismus und Postfeminismus treffen sich in dem Credo »Alles ist möglich«, wenn nur der Wille zum Erfolg vorhanden ist und zudem der Balanceakt zwischen inszenierter und authentischer Selbstpräsentation gelingt." (Lünenborg und Klaus 2013, 86)

An anderer Stelle beschreibt Elisabeth Klaus diese Entwicklung auch als Elitefeminismus, da sich dieser Ansatz darauf

---

sie auf, „wie die Rhetorik von Entscheidungs- und Wahlfreiheit an eine Hyperindividualisierung gekoppelt wird, die zugleich feministische Positionen als veraltet desartikuliert." (Klaus und Lüneborg 2013, 86).

konzentriere, Frauen in Führungspositionen zu bringen, ohne jedoch strukturelle Machtverhältnisse zu beleuchten (Klaus 2008, 176–77). Auch Nancy Fraser kritisiert die Blindheit für ökonomische Missverhältnisse einiger feministischer Varianten:

> „Anders als früher, als sie eine auf Karrierismus ausgerichtete Gesellschaft kritisierten, raten Feministinnen den Frauen heute, sich in einer solchen einzurichten.“ (Fraser 2013, 29)

Als Beispiele für neoliberalen (Anti-)Feminismus werden Thea Dorns *Die neue F-Klasse* (2006) (Klaus 2008, 180) und Sheryl Sandbergs *Lean In* (2013) genannt:

> „Indem Sandberg weibliche Selbstzweifel ins Zentrum stellt, bedient sie den Mythos, dass berufliche Erfolge von Frauen ausschließlich von ihren individuellen Leistungen abhängen.“ (Motakef, Teschlade, und Wimbauer 2015, 51)

Klaus und Lüneborg kritisieren, dass neoliberale (Anti)FeministInnen, im Gegensatz zum sogenannten alten Feminismus, Vergesellschaftungsprozesse nicht analysieren und kritisieren, sondern lediglich über eine funktionale Einpassung in kapitalistische Produktionsverhältnisse diskutieren.

> „Hier zeigt sich eine radikale Individualisierung der Probleme, die mit einer frappierenden Ausblendung feministischer Emanzipationspolitik und einer Desartikulation feministischer Wissensbestände einhergeht.“ (Klaus und Lüneborg 2013, 87)

Franziska Schutzbach arbeitet heraus, dass in neoliberalen Ansätzen Ungleichheit als natürlicher und normaler Effekt von Freiheit dargestellt wird, gegen die man nicht kämpfen müsse, da sich die gesellschaftlichen Verhältnisse von selbst regeln. Diese neoliberale Vorstellung von Freiheit gehe längst mit Forderungen nach Disziplinierung, sozialer Kontrolle und Autorität einher und unterscheide sich teilweise kaum noch vom klassischen Antifeminismus (Schutzbach 2016, 591–92). Klaus erkennt in den

Folgen eines neoliberalen (Anti-)Feminismus, der Delegitimation und Zurückdrängung feministischer Praxis, durchaus fließende Übergänge zum klassischem Antifeminismus (Klaus 2008, 179). Nancy Fraser fordert daher „die gefährliche Liaison zwischen Feminismus und Neoliberalismus aufzubrechen." (Fraser 2013, 31).

Konservative bis reaktionäre JournalistInnen

Die Betrachtung der zeitlich-inhaltlichen Entwicklungen zeigte bereits, dass viele antifeministische Debatten durch Beiträge in großen Printmedien angestoßen wurden und einige JournalistInnen selbst als antifeministische AkteurInnen beschrieben werden können:

> „Hermans Themen sind fest im Neokonservatismus verankert: Wir (= die einheimischen, guten Deutschen) sterben aus, der Staat gerät in eine Krise und die Familien zerfallen, weil die Mütter und Ehefrauen Heim und Herd verlassen haben. Dies alles ist Schuld [...] der Feministinnen [...] und muss rückgängig gemacht werden." (Klaus 2008, 179)

Mithilfe biologistischer und evolutionstheoretischer Argumente arbeiten einige JournalistInnen darauf hin, Frauen auf ihre potentielle Rolle als Mütter festzuschreiben. Die Frauen*bewegung wird dabei gesellschaftlich sowohl für den demografischen Wandel, als auch für sonst jegliche, aus antifeministischer Sicht problematisch wahrgenommene Entwicklung, wie etwa die Zunahme an Scheidungen, verantwortlich gemacht (Roßhart 2008, 21; Klaus 2008, 184). Einige der JournalistInnen sind im größeren Stile und über verschiedene politische Strömungen hinweg organisiert. So wurde die Veröffentlichung von *Das Eva Prinzip* durch das *Familiennetzwerk* unterstützt. Als Dank für die Unterstützung spendete Herman den Erlös ihres zweiten Buches diesem Netzwerk. Das *Familiennetzwerk* wiederum unterhält enge Kontakte zum Netzwerk *Väteraufbruch für Kinder*. Einer der prominentesten Vertreter dieses Netzwerks ist der Publizist Matthias Mattussek, der auch in der Debatte um „political correctness" stark vertreten war. Das Netzwerk *Väteraufbruch für Kinder* ist wiederum dem Maskulinismus zuzuordnen (Klaus 2008, 178). Dies zeigt zum einen, dass die einzelnen Strömungen nicht klar voneinander abzugrenzen sind. Zum anderen wird deutlich, dass die von AfD und Konsorten regelmäßig behauptete „links-grüne Versifftheit" der Leitmedien, gerne auch mal „Lügenpresse" genannt – wer hätte es geahnt –, eine reine populistische Strategie ist und der Delegitimation der Kritik an antifeministischen und rechten AkteurInnen dient.

Klassischer und neuer Maskulinismus[19]

Mit dem Begriff Maskulinismus werden Gruppen und Bewegungen bezeichnet, die auf einer Ideologie der männlichen Überlegenheit aufbauen und die Aufrechterhaltung patriarchaler Machtverhältnisse zum Ziel haben (Claus 2014, 18). MaskulinistInnen sind oft insbesondere online gezielt vernetzt. Als klassische Orte der Vernetzung sind unter anderem die Websites genderama.de und wvgvdl.com zu betrachten (Gesterkamp 2010, 12). Letztere existiert seit 2001. Der vollständige Titel lautet:

[19] Zur Schreibweise von Maskulismus oder Maskulinismus hält Robert Claus fest: „Auf Maskulismus-kritischer Seite ist bisher umstritten, ob Maskulinismus, Maskulismus oder Männerrechtsbewegung die treffende Bezeichnung darstellt. [...]. Die ‚Bewegung' selbst verwendet die Begriffe Männerrechtsbewegung sowie Maskulismus, um sich von der „feministischen" Bezeichnung »Maskulinismus« abzugrenzen." (Claus 2014, 18) Um mich von den Eigenbezeichnungen abzugrenzen verwende ich die Bezeichnung „Maskulinismus".

Wenn Mensch zur MenschIn wird – oder: Wieviel [sic!] `Gleichberechtigung` verträgt das Land? Wer die menschliche Gesellschaft will, muss die dämliche überwinden (Claus 2014, 23). Aus der Website wvgvdl.com entstanden auch der Blog *Femokratie* und das Wiki *WikiMANNia*. Letzteres ist ein Wiki, das insbesondere Feminist*innen und queere Aktivist*innen namentlich auflistet und gegen jede Form von Feminismus hetzt (Claus 2014, 23). Eine weitere Organisation, die nicht nur im Internet präsent ist, ist das oben erwähnte Netzwerk *Väteraufbruch für Kinder*. Diese sich als Selbsthilfenetzwerk für Trennungsväter verstehende Organisation besteht seit 1988 und ist eine der größten männerrechtlichen Gruppen. Vereinzelt haben Mitglieder Verbindungen zu Personen, die der „Neuen Rechten"[20] zuzurechnen sind (Gesterkamp 2010, 13). Als weitere einflussreiche Gruppen sind *Agens* und *MANNdat e.V.* zu nennen. *Agens* wurde 2010 gegründet mit dem Ziel, ein Think Tank mit Kontakt zu wissenschaftlichen Institutionen aufzubauen (Claus 2014, 20). *MANNdat. e.V.* ist ein in Stuttgart ansässiger Interessenverein, der hauptsächlich im Internet aktiv ist (Gärtner 2014, 70).

---

[20] Yves Müller versteht unter der „Neuen Rechten" eine Strömung, die als „Vermittlerin zwischen einem sich demokratisch gebendem Konservatismus und einem anti-demokratischen Rechtsextremismus" (Müller 2011, 71) fungiert. Als AkteurInnen der „Neuen Rechten" sind in seinem Verständnis sowohl Nationalliberale aus CDU und FDP, als auch Personen aus der extremen und radikalen Rechten zu verstehen. Sie fallen nicht durch rassistische oder antisemitische Straftaten auf, sondern arbeiten häufig mit intellektuellen Konzepten (Müller 2011, 70). So sprechen VertreterInnen der „Neuen Rechten" beispielsweise nicht (mehr) von Rasse, sondern bauen ihre Ungleichwertigkeitsideologien auf Ideen einer essentialisierten Kultur-Vorstellung auf. Daraus resultiert auch das Konzept des Ethnopluralismus. Darauf aufbauend wird nicht mehr direkt eine Höherwertigkeit der eigenen Kultur behauptet, aber argumentiert, jede Kultur solle auf ihrem Gebiet bleiben, um Vermischungen von Kulturen zu vermeiden (Bundeszentrale für politische Bildung o. J.). Da der Begriff „Neue Rechte" eine Eigenbezeichnung dieser Strömung ist und eine vermeintliche inhaltliche Abgrenzung zur klassischen Rechten darstellt, verwende ich den Begriff stets in Anführungszeichen, um diese Selbstbezeichnung nicht unkritisch zu übernehmen.

Oftmals sind persönliche Erfahrungen wie Scheidungen mit anschließenden Sorgerechtsstreitigkeiten der Ausgangspunkt des Engagements in maskulinistischen Bewegungen. Die Verbitterung einiger Akteure geht dabei teilweise so weit, dass jeglicher Kontaktabbruch mit Frauen empfohlen wird, da Frauen als genuin böse personifiziert werden.[21] Maskulinismus äußert sich oft in einer männlichen Opferideologie; es wird ein übermächtiger Staatsfeminismus beschrieben, unter dem Männer zu leiden hätten (Kemper 2016, 93). Pauschal werden Jungen als Bildungsverlierer dargestellt und die tatsächliche Benachteiligung von Jungen mit Migrationshintergrund, aus bildungsfernen oder ökonomisch schwachen Schichten dadurch entkontextualisiert (Rosenbrock 2012, 69). Diese übersteigerte männliche Opferideologie geht soweit, dass Frauenhäuser, die dem Schutz von Frauen* dienen, die von ihren (Ex-)Partnern misshandelt werden, grundsätzlich in Frage gestellt werden. Anstatt häusliche Gewalt zu problematisieren, fordert Gerhard Amendt in der *Welt,* dass Frauenhäuser geschlossen werden müssten, da sie als Orte des Männerhasses zu einer feindseligen Polarisierung der Gesellschaft führen würden (WELT 2009). Diese noch rein verbal vorgebrachte Hetze mündet dann teilweise in direkten Angriffen, indem Adressen anonymer Frauenhäuser auf maskulinistischen Portalen veröffentlicht werden. Robert Claus beschreibt, dass einige besonders radikale MaskulinistInnen so weit gehen, den rassistischen Terror Anders Breiviks in Norwegen als widerständige Tat gegen Feminismus und die sogenannte Multi-Kulti-Gesellschaft zu bezeichnen (Claus 2014, 13). Auch das in Bezug auf Familienpolitik vorgebrachte Argument, Feministinnen seien für die niedrigen Geburtenzahlen verantwortlich und Maßnahmen

[21] Teilweise sind auch Frauen in maskulinistischen Gruppierungen aktiv. Frauen wird in maskulinistischen Organisationen jedoch meist nur eine sehr geringe Funktion überlassen, und von einigen Maskulinisten wird jedes Engagement von Frauen als Versuch weiblicher Vereinnahmung und Herrschaftssicherung abgelehnt (Claus 2014, 69–70).

eines staatlichen Feminismus würden zunehmend der „Keimzelle des Volkes" die Lebensgrundlage entziehen, wird von einigen MaskulinistInnen unterstützt (Gesterkamp 2010, 10).

Durch gezieltes öffentliches Auftreten, beispielsweise in Onlineforen und in Kommentarspalten großer Leitmedien, gelang es klassischen MaskulinistInnen Diskussionen mit ihren Themen zu dominieren und Antidiskriminierungsprojekte unter erhöhten Legitimationsdruck zu stellen (Claus 2014, 13). Darüber hinaus sind maskulinistische Forderungen, beispielsweise nach der Abschaffung von Frauenhäusern, medial präsent. Neben der *Welt* lassen sich insbesondere in der *Frankfurter Allgemeinen Zeitung*, dem *Focus*, aber auch dem *Spiegel* und der *Zeit* Beiträge finden, die maskulinistische Ansichten vertreten (Gesterkamp 2010, 10). So behauptete Frank Schirrmacher (Herausgeber der FAZ) schon seit 2003 eine Deutungshoheit von Frauen in den Medien (Gesterkamp 2010, 10). Aus verschiedenen Gründen ging das Mobilisierungspotenzial von klassischen MaskulinistInnen in den letzten Jahren jedoch deutlich zurück. Dies lässt sich zum einen mit der Verschiebung weg von einem männerzentrierten hin zu einem familienzentrierten Antifeminismus erklären. Außerdem wurde das Thema „Väterrechte" von der parlamentarischen Politik aufgegriffen und einige männerrechtliche Forderungen erfüllt. So wurde 2010 von der schwarz-gelben Bundesregierung ein eigenes Referat für Jungen- und Männerpolitik im Familienministerium eingerichtet und der Europäische Gerichtshof stärkte in den letzten Jahren die Rechte biologischer Väter (Scheele 2016, 10).

Aktuell lässt sich das Erstarken eines Maskulinismus beobachten, der sich durch eine unmittelbare Misogynie/ Frauenverachtung auszeichnet. Hier sind zum einen sog. Pick-up-Artists zu nennen. In den 1990ern entstanden und mit mittlerweile laut eigenen Angaben fast 150.000 Mitgliedern in über siebzig Ländern ist dies eine globale Erscheinung. In sog. Pick-up-Artist-Seminaren wird Männern vermittelt, wie sie Frauen aufreißen können. Was erst mal harmlos nach einem Flirt-Workshop klingen könnte, ist in der Realität Frauen*verachtung pur, denn: „Zu den vorgeschlagenen Methoden gehören Manipulation, Würgen und andere Formen sexueller Gewalt.“ (Oestreich 2014) Darüber hinaus wird sexuelle Gewalt gegen Frauen* relativiert. Es gibt Videos, in denen sich Pick-up-Artists mit Vergewaltigungen brüsten (Oestreich 2014), und einer der bekanntesten selbsternannten Pick-up-Artists, Daryush Valizadeh, fordert Vergewaltigungen im privaten Raum straffrei zu gestalten („Kein Karnevalsscherz: Dieser Mann fordert ein Recht auf Vergewaltigung“ 2016). Auch in Deutschland finden Pick-up-Seminare statt. Einer dieser Pick-up-Artists studiert an der Universität Frankfurt und führt in seinem Umfeld auch solche Seminare durch. Dies hat vor Ort zu einem unangenehmen Klima für Frauen* gesorgt. Die feministische Antifa Frankfurt (Fantifa) sammelte Berichte von Frauen*, die auf dem Campus belästigt wurden, und macht deutlich: „Das ist eine Form von Gewalt. Die Frauen hatten teilweise traumatische Erfahrungen.“ (Ehrenhauser 2016).

Eine weitere maskulinistische Gruppierung, bei denen es teilweise personelle Überschneidungen zu den Pick-up-Artists gibt, sind die sogenannten Incel. Incel ist die Abkürzung für *involuntary celibacy* (unfreiwillige Enthaltsamkeit). Der Begriff wurde ursprünglich von einer Kanadierin verwendet, um ironisch ihre unfreiwillige sexuelle Enthaltsamkeit zu benennen. Mittlerweile nutzen ihn vor allem Maskulinisten, die frustriert darüber sind, noch nie Sex gehabt zu haben. Auch hier zeigt sich eine deutliche Selbstviktimisierung. Denn Incels führen die Tatsache, keinen Sex zu haben, darauf zurück, dass Frauen ausschließlich mit attraktiven Männern schlafen, wobei schon kleine Makel für

Incels als Grund dafür gelten, als unattraktiv angesehen zu werden. In den USA gab es bereits drei (Terror)anschläge aus dem Umfeld der Incel-Bewegung: 2009 erschoss George Sodini drei Frauen in einem Fitnessstudio. In seinem Online-Tagebuch fanden sich reihenweise frauen*verachtende Äußerungen. Als Heiliger wird Elliot Rodger von Incels verehrt. Er ermordete 2014 sechs Menschen in der Nähe der Universität Santa Barbara in Kalifornien. Er hinterließ ein Manifest, in dem er von einer Welt träumte, in der die Menschheit von Sex befreit ist. Um dies zu erreichen, müssten in seiner Logik alle Frauen in Konzentrationslagern ermordet werden. Auch Alek Minassian, der am 23. April 2018 mit einem Lieferwagen in eine Menschengruppe fuhr und dabei acht Frauen und zwei Männer tötete, war zuvor auf Incel-Plattformen aktiv (Für den gesamten Absatz: Clute-Simon und Kracher 2018). In Deutschland sind noch keine Anschläge auf Frauen* bekannt, bei denen der Täter auf Incel-Foren radikalisiert wurde. Wobei hierfür auch nötig ist, das Motiv als antifeministisch oder frauen*verachtend zu erkennen. Als im Dezember 2018 ein Mann in Nürnberg innerhalb weniger Stunden drei Frauen, die nachts alleine unterwegs waren, mit einem Messer niederstach, wurde schnell ein terroristisches Motiv ausgeschlossen, sobald klar war, dass der Mann Deutscher und schon mehrfach vorbestraft ist (u.a. wegen einer Vergewaltigung) und es keine Verbindung zwischen den Frauen gibt (Berlin 2018). Die Möglichkeit, dass der Mann gezielt Frauen, die nachts alleine unterwegs sind, töten wollte, wurde nicht als Motiv für sich stehend gewertet.

Maskulinismus wird in der Forschung sowohl als moderne, als auch antimoderne Bewegung betrachtet. Denn teilweise setzen sich MaskulinistInnen mit Geschlecht und Identitätsentwürfen auseinander und fordern, diese zu modernisieren, beispielsweise indem Fürsorglichkeit und Emotionalität in das

Männlichkeitsbild integriert werden sollen und eine aktive Vaterschaft als Dimension von Männlichkeit propagiert wird. Claus erkennt darin eine Neujustierung der bisherigen westlichen Männlichkeitskonstruktion (Claus 2014, 44). Gleichzeitig macht er deutlich, dass weiterhin männlich konnotierte Eigenschaften wie Härte und Rationalität hervorgehoben werden und biologische Faktoren weiterhin als gesellschaftliche Platzanweiser dienen sollen (Claus 2014, 77–78). Hier zeigt sich die mindestens ideologische Nähe von MaskulinistInnen – insbesondere jenen, die einen kompletten Kontaktabbruch mit Frauen fordern –, zu Studentenverbindungen und Burschenschaften, die ja noch immer auf dem Prinzip des Männerbunds aufbauen. Dies gilt es zu betonen, denn noch immer wird Antifeminismus als zentraler Pfeiler burschenschaftlichen Engagements wenig beachtet (Goetz 2018b, 191). Spannend ist bezüglich Burschenschaften zu betrachten, dass erst in der Zeit der Ersten Frauenbewegung, als Frauen an die Universitäten drängten, Frauen explizit ausgeschlossen wurden. Zuvor ergab sich das daraus, dass Frauen ohnehin nicht studieren durften (Goetz 2018b, 196). Die noch immer gepflegten und völlig antiquierten Brauchtumsformen wie die Mensur und der Biercomment dienen weiterhin der Inszenierung von Männlichkeit und Härte und sollen den Ausschluss jeder Weiblichkeit (auch femininer Männer) zelebrieren (Goetz 2018b, 189–99). Insbesondere wenn man Maskulinismus als Bewegung versteht, die dem Erhalt der patriarchalen Verhältnisse dient, zeigt sich, dass Burschenschaften als Akteure des deutschen Antifeminismus/Maskulinismus zu betrachten sind. So hält Alexandra Kurth fest, dass Männderbünde als „Kernbestandteil von geschlechterhiarchisch zugunsten von Männern strukturierten Gesellschaften“ (Kurth 2004, 15) dienen.

Christlich-fundamentalistischer Antifeminismus

Wie schon im Abschnitt zu den Protesten gegen die Neufassung des Bildungsplans deutlich wurde, sind christliche FundamentalistInnen zunehmend politisch engagiert. Diese Gruppierungen sind deshalb als fundamentalistisch zu begreifen, weil sie andere Religionen als das Christentum kategorisch ablehnen und einen Absolutheitsanspruch verfolgen, der in einem Missionierungsdrang evangelikaler Gemeinden auch gegenüber anderen Christ*innen gipfelt (Jentsch und Sanders 2010, 38–39). Der Schwerpunkt ihres Engagements liegt auf den Themen der (weiblichen) Sexualmoral und dem Kampf gegen reproduktive Rechte von Frauen (Frey u. a. 2014, 18). Außerdem lehnen christliche AntifeministInnen Homosexualität kategorisch ab. Nicht-konfessionell betrachtet lassen sich diese Gruppierungen dem rechtskonservativen bis extrem rechten Spektrum zuordnen (Jentsch und Sanders 2010, 38–39). Anders als klassisch rechte Gruppen argumentieren christlich-fundamentalistische AntifeministInnen jedoch nicht völkisch, sondern sie finden ihr Feindbild vielmehr in allen Nicht-Christ*innen (Teidelbaum 2015, 7). Christlich-fundamentalistische AntifeministInnen zeichnen sich durch einen antimodernen Kurs aus und verstehen sich selbst meist als wertkonservativ (Jentsch und Sanders 2010, 41–44).

Anders als beispielsweise naturwissenschaftlich argumentierende KritikerInnen der Gender Studies folgt ihre Argumentation einer göttlichen Ordnungsvorstellung. Christliche AntifeministInnen lehnen jegliche Gleichstellungspolitik ab, da sie davon ausgehen bzw. behaupten, diese habe zum Ziel jegliche Unterschiede zwischen Männern und Frauen zu bekämpfen. Diese Politik widerspräche damit dem göttlichen Ordnungswillen. Jentsch und Sanders zeigen, dass Frauen auch hier auf ihre Rolle als potentielle Mütter festgeschrieben werden. Denn wie viele andere

Strömungen des Antifeminismus sehen auch christlich-fundamentalistische Gruppierungen eines der gesellschaftlichen Hauptprobleme im demografischen Wandel. Dieser sei das Resultat von Schwangerschaftsabbrüchen und staatlicher Gleichstellungspolitik für Homosexuelle. Wie sich auch schon an anderer Stelle zeigte, beispielsweise bei der Debatte um „political correctness", verbinden sich antifeministische Diskurse regelmäßig mit weiteren Diskriminierungsformen wie Rassismus. Dies ist auch beim christlich-fundamentalistischen Antifeminismus der Fall. So zeigen Jentsch und Sanders, dass sich christliche AntifeministInnen gegen Einwanderung aus nicht-christlichen Weltreligionen wenden, da sie sich in einem globalen, existenziellen Kulturkampf wähnen (Jentsch und Sanders 2010, 41–44).

Christlich-fundamentalistische AntifeministInnen sind politisch international vernetzt. Als ein Beispiel hierfür ist die Petitionskampagne *One-of-us* zu betrachten, die sich 2014 an das Europaparlament richtete. Als Teil der Kampagne wurden aus dem christlich-fundamentalistischen Umfeld insgesamt 1,7 Millionen Unterschriften für ein Bürgerbegehren zur Verschärfung der Gesetze zu Schwangerschaftsabbrüchen gesammelt. Damit wurde ein Quorum zur Anhörung im Europaparlament erreicht (Frey u. a. 2014, 13). Diese Initiative wurde zwar abgelehnt, doch gesellschaftlich lässt sich durchaus ein Einfluss von AbtreibungsgegnerInnen erkennen. So wird der Zugang zu Schwangerschaftsabbrüchen auch in Deutschland in einigen infrastrukturarmen Gebieten immer schwieriger (Born 2016). Dies hängt auch unmittelbar mit den Anfeindungen und juristischen Angriffen zusammen, denen Ärzt*innen, die Schwangerschaftsabbrüche durchführen, ausgesetzt sind. Jüngstes und prominentes Beispiel ist die Klage gegen die Gynäkologin Kristina Hänel. Weil sie auf ihrer Website darüber aufgeklärt hatte, dass sie Schwangerschaftsabbrüche durchführt, wurde sie zu einer Strafe verurteilt (Riese 2017). Die Rechtsprechung bezieht sich dabei auf den

§219a, der das Werben für Schwangerschaftsabbrüche unter Strafe stellt. Was eine Information über die angebotenen Leistungen mit dem offensiven Werben für Schwangerschaftsabbrüche zu tun hat, ist mehr als fraglich. Noch immer hat sich die Bundesregierung nicht dazu durchgerungen, den §219a oder besser noch den gesamten §219 zu streichen.

(Extrem) rechte AkteurInnen

Auch (extrem) rechte AkteurInnen beteiligen sich rege bis intensiv an aktuellen Debatten rund um reaktionäre Geschlechterbilder sowie sexuelle und geschlechtliche Vielfalt und sind daher als bedeutende AkteurInnen im organisierten Antifeminismus zu nennen. Yves Müllers Untersuchung von Artikeln in der *Jungen Freiheit* machte bereits deutlich, dass sich dieses einflussreiche rechte Medium aktiv an den Debatten rund um Gender Mainstreaming und Frauenquote beteiligt. Anhand der Analyse wird deutlich, dass konservative AkteurInnen und die „Neue Rechte" bei diesen Themen als gegenseitige StichwortgeberInnen fungieren und sich oft aufeinander beziehen (Müller 2011, 67). Es zeigt sich, dass Diskussionen um Gender Mainstreaming, Gender Studies und die Neufassung von Bildungsplänen generell als Anknüpfungspunkte für (extrem) rechte AkteurInnen an bürgerliche Proteste fungieren (Schutzbach 2016, 595).

Dies hängt damit zusammen, dass für die Ideologie der (extremen) Rechten die heterosexuelle Kleinfamilie mit möglichst vielen Kindern, wie sie auch bei den Protesten gegen den Bildungsplan und durch konservative AntifeministInnen um Eva Herman propagiert wurde, die gesellschaftlich anzustrebende Norm ist (Lang 2014). Diese Norm baut, mindestens in der extremen Rechten, auf der Ideologie der „Volksgemeinschaft" auf, wo die Kleinfamilie auch als „kleinstes Glied der Volksgemeinschaft“ bezeichnet wird. Die Idee der „Volksgemeinschaft“ war vor allem Ende des 19. und zu Beginn des 20. Jahrhunderts in Deutschland präsent. Insbesondere während des Nationalsozialismus wurde eine Gesellschaft nach diesem Vorbild angestrebt. Die Vorstellung der „Volksgemeinschaft“ hat dabei stets die Schaffung einer Einheit zum Ziel (Stögner 2014, 72) und baut auf einer dichotomen, patriarchalen Ordnung auf, wobei das Geschlechterverhältnis als eine starre Konstruktion von Männlichkeit und Weiblichkeit als innere Rahmung der „Volksgemeinschaft“ dient. Außerdem wird eine völkisch-rassische Zugehörigkeit als Abgrenzung nach außen genutzt. Geschlecht und „Rasse“ werden hier als natürliche und biologische Tatsachen und als gesellschaftliche Platzanweiser angesehen (Lehnert 2011, 89–91). Es gilt zu betonen, dass auch im Nationalsozialismus die Idee der „Volksgemeinschaft“ kein Abbild der Gesellschaft war, sondern stets eine Verheißung für die Zukunft, auf die stets hingearbeitet wurde (Lang 2015, 168–69). Noch heute ist die Vorstellung der „Volksgemeinschaft“ von Bedeutung. So berufen sich in jüngster Zeit viele AfD-PolitikerInnen wie André Poggenburg positiv auf die „Volksgemeinschaft“ (Gensing 2019).

Der Bezugspunkt „Volksgemeinschaft“ zeigt sich auch in der noch immer vorhandenen besonderen Bedeutung von Mutterschaft für die Konstruktion von Weiblichkeit. Außerdem wird seitens der (extremen) Rechten noch immer jede Abweichung von der heterosexuellen Norm als Bedrohung für die innere Ordnung der Gesellschaft gesehen. Aus dieser ideologischen Vorstellung leitet sich die Feindschaft zu Homosexualität, Feminismus und Dekonstruktivismus ab, da all diese Phänomene bzw. Ansätze die Natürlichkeitsvorstellung der „Volksgemeinschaft“ infrage stellen (Lehnert 2011, 95–98). Judith Goetz zeichnet in ihrem Beitrag zu Antifeminismus und Homofeindlichkeit bei den Identitären im Sammelband „Untergangster des Abendlandes“ nach, dass bei den Identitären eine Ausdifferenzierung bzgl. der Haltung zu Homosexualität stattgefunden hat. Es lässt sich nicht mehr von einer pauschalen und widerspruchsfreien Homofeindlichkeit sprechen.[22]

Inwiefern die Ideologie der „Volksgemeinschaft“ nicht nur für (extrem) rechten Antifeminismus, sondern auch für andere Strömungen und Entwicklungen des Antifeminismus prägend ist, sollte noch weiter untersucht werden. Dafür bedarf es je einer Analyse der verschiedenen angestrebten Gemeinschaftsutopien. Es ist in jedem Fall hervorzuheben, dass Antifeminismus zu beinahe allen Zeiten mit Diskussionen um demografischen Wandel und einer völkisch-rassistischen Bevölkerungspolitik einhergeht.

Eine schon früh im Bereich des extrem rechten Antifeminismus aktive Gruppierung ist die nicht mehr existente, im Mai 2009 gegründete Gruppe *Free-Gender*, die unter dem Leitslogan „Raus aus den Köpfen – Genderterror abschaffen“ agierte (Bitzan 2011, 118). Diese Gruppe kann als Stichwortgeberin für die späteren Proteste gegen den Bildungsplan gesehen werden, denn schon 2009 behaupteten Mitglieder der Gruppe, dass eine „Frühsexualisierung“ der Jugendlichen das Ziel staatlicher Gleichstellungspolitik sei. Bei NPD-Veranstaltungen polemi-

---

[22] Sie arbeitet drei Umgangsformen mit Homo- und Transsexualität seitens der Identitären heraus: 1. Privatisierung. Im Sinne von einer nicht-Beachtung des privaten Sexuallebens. 2. Teilanerkennung („Schwule statt Schwuchteln“). Hier wird Homosexualität nicht als Ganzes abgelehnt, sondern insbesondere eine freizügige und offensive Homosexualität, wie sie bspw. bei Events wie dem Crhstopher Street Day gefeiert und gefordert wird. 3. „Anerkennung mittels Instrumentalisierung, um gegen 'den Islam' mobil zu machen […].“ (Goetz 2018, 277).

sierten Mitglieder der Gruppe unter dem Schlagwort „Genderterror“ gegen Gender Mainstreaming und machten das Thema dadurch öffentlich weiter präsent. Darüber hinaus bezogen sich Mitglieder der Gruppe *Free-Gender* regelmäßig auf das Buch *Verstaatlichung der Erziehung. Auf dem Weg zum neuen Gender-Menschen* der christlich-fundamentalistischen Antifeministin Gabriele Kuby (Kämpf 2015, 114).[23] Hier zeigt sich ein weiteres Mal, dass die verschiedenen antifeministischen Strömungen nicht trennscharf voneinander abzugrenzen sind und die Bewegung nicht nur von rechts in die sogenannte Mitte der Gesellschaft wirkt. Wie auch christliche FundamentalistInnen lehnen AkteurInnen der „Neuen“ und extremen Rechten Schwangerschaftsabbrüche ab. Sie begründen dies jedoch nicht mit christlichen Werten, sondern, vergleichbar zu Diskussionen im Kaiserreich, mit demografischen Entwicklungen und bezeichnen Schwangerschaftsabbrüche polemisch als „Massenmord“ (Müller 2011, 78–79).

Auch die sich ab 2014 formierenden PEGIDA (*Patriotische Europäer gegen die Islamisierung des Abendlands*) agitieren in ihren Dresdner Thesen gegen die von ihnen sogenannte „Genderisierung“. So heißt es bereits in Punkt eins der zehn Thesen: „Stopp dem politischen oder religiösen Fanatismus, Radikalismus, der Islamisierung, der Genderisierung und der Frühsexualisierung. Erhalt der sexuellen Selbstbestimmung.“ (PEGIDA,

---

[23] Gabriele Kuby ist eine katholische Publizistin die unter anderem für die *Junge Freiheit* schreibt und Autorin verschiedener Bücher. ist. Sie ist Mitglied der Initiative *Gegen die totalitäre Bestrebungen der Schwulen- und Lesbenverbände* und behauptet es bestehe ein hohes gesundheitliches und psychisches Risiko für Homosexuelle. Sie warnt vor einem imaginierten Totalitarismus der Gender-Ideologie und fordert zum Widerstand gegen selbigen auf, womit sie den Kampf gegen Empfängnisverhütung und sexuelle Liberalisierung begreift. Sie wird häufig als Expertin in Fernsehtalkshows und zu Ausschusssitzungen der CDU eingeladen (Gärtner 2014, 72–73).

o. J.) Hieran zeigt sich, dass PEGIDA sich an populäre antifeministische Thesen anlehnen und so eine Brücke zu weiteren antifeministischen Bewegungen schlagen kann (Ganz 2015). Darüber hinaus werden in der These (de)konstruktivistische Gender-Ansätze in einem Zug mit islamistischem Terrorismus genannt, was einer Gleichsetzung gleichkommt und jeglicher Grundlage entbehrt. Außerdem bedienen sich die PEGIDA rhetorisch an feministischen Inhalten, wenn sie den „Erhalt der sexueller Selbstbestimmung" fordern. Sie verfolgen dabei inhaltlich jedoch genau deren Gegenteil, nämlich die Festschreibung der Frauen* auf eine gesellschaftliche Mutterrolle, der ihre gesamte Sexualität untergeordnet werden soll. Diese Strategie, gesellschaftlich anschlussfähige feministische Argumente und Begriffe aufzugreifen und umzudeuten, wird regelmäßig von AntifeministInnen genutzt. So ist die Behauptung seitens einiger GegnerInnen des Bildungsplans, die heterosexuelle Mehrheit werde durch eine homosexuelle Minderheit diskriminiert (Teidelbaum 2015, 8), eine Konterkarierung feministischer und queerer[24] Forderungen nach Schutz für marginalisierte Gruppen. Auch der von der Gruppe „Free-Gender" verwendete Slogan „Raus aus den Köpfen" bedient sich klassischer linker Rhetorik, wenn beispielsweise bei Demonstrationen „Nationalismus, raus aus den Köpfen" gefordert wird. Besonders MaskulinistInnen nutzen Begriffe wie „Befreiung" und „Geschlechterdemokratie" und verweisen auf einen Gleichheitsdiskurs, jedoch um feministische Forderungen zurückzuweisen (Gesterkamp 2010, 5 und Rosenbrock 2012, 62).

---

[24] „Queer kann als Überbegriff für alle sexuellen Orientierungen und Geschlechtsidentitäten gelten, die nicht der gesellschaftlichen Norm von Geschlecht und Sexualität entsprechen. [...] Queer denkt und deutet Geschlechtskategorien neu, Rollenvorstellungen werden aufgebrochen, Geschlecht als eine sich verändernde und veränderbare Kategorie aufgefasst, dass bedeutet, dass Geschlechterrollen veränderbar sind und sich verändern, desweiteren, dass die vorherrschende, nach anatomischen Merkmalen sortierte, Geschlechterbinarität aus queerer Sicht gesellschaftlich konstruiert ist und diese Konstruktion offen gelegt werden muss." (Queer-Lexikon, o. J.).

Neben PEGIDA ist auch die Monatszeitschrift *Compact. Magazin für Souveränität*, die als zentrales Organ moderner Verschwörungstheorien gilt und meist als „neurechts" eingestuft wird – wobei die Zeitschrift im Sinne eines Querfront-Formats auch von einigen Linken rezipiert wird –, eine zentrale Akteurin im organisierten Antifeminismus (Culina 2018, 92–93). Kevin Culina nennt als primäre antifeministische Stränge von *Compact*:

> „die Agitation gegen eine vermeintliche »Frühsexualisierung« und der damit verbundene »Anti-Genderismus«; ein naturalisierender Familienbegriff und Homosexuellenfeindlichkeit; Rassimus und Geschlechterkonstruktionen; ein anti-amerikanischer Kulturbegriff und diesbezügliche Ressentiments; die Behauptung einer Herrschaft durch »Politicial Correctness« sowie die positive Bezugnahme auf den russischen Staat und dessen Gesetzgebung." (Culina 2018, 91–92).

Ganz im Sinne eines verschwörungsideologischen Antifeminismus wird jede Abweichung von einem konservativ-reaktionären Familien- und Geschlechterbild als Angriff einer versteckten Macht inszeniert (Culina 2018, 112) und die vermeintliche Natürlichkeit dieser Familien- und Geschlechterbilder einer abzulehnenden „künstlichen Moderne" gegenübergestellt (Culina 2018, 100).

Als weitere (extrem) rechte AkteurIn im Antifeminismus ist, neben der AfD in Gänze, insbesondere ihre Jugendorganisation die *Junge Alternative* (JA) zu nennen. Als Gegenreaktion zu einer Foto-Aktion der Jusos, der Jugendorganisation der SPD, die im Rahmen des Frauen*kampftages am 8. März 2014 zu Fotos mit feministischen Statements aufgerufen hatten, rief die JA, wenig kreativ, zu Fotos mit antifeministischen Statements auf. Unter dem Stichwort „Ich bin kein Feminist, weil..." beteiligten sich einige Mitglieder unter anderem mit Aussagen wie „Ich bin kein Feminist, weil eine Mutter genauso wertvoll ist wie eine Vorstandschefin." Oder „Ich bin keine Feministin, weil ich meine Ziele durch Leistung erreichen werde und durch keine Quote." („AfD: Alternative für Antifeministen" 2014) Dies zeigt, dass die JA wenig Ahnung von feministischen Kämpfen und den Früchten ihrer Geschichte hat und mit reinen Feindbild-Projektionen und Zerrbildern von Feminismus arbeitet.

Neben der JA beteiligen sich, teilweise auch in personeller Überschneidung zur JA (Geisler, Polke-Majewski, und Steffen 2017), AkteurInnen der sogenannten *Identitären Bewegung* rege an antifeministischen Aktionen und Diskursen. Mit vielen anderen rechten AkteurInnen teilen auch die „Identitären" ein Geschlechterbild, das von einer Natürlichkeit der Geschlechter ausgeht und auf der Vorstellung einer Dichotomie von Mann und Frau aufbaut. Bei den „Identitären" kommt Frauen hinsichtlich ihrer Hauptbezugspunkte der Bevölkerungs- und Migrationspolitik auf drei verschiedenen Ebenen Bedeutung zu. Zum einen werden die Frauen als besonders bedroht (aufgrund von Migration) bezeichnet. Es wird das Bild von sexuell übergriffigen, geflüchteten Männern gezeichnet, vor denen „unsere Frauen" geschützt werden müssten. Gleichzeitig werden Frauen als Schuldige von Migration identifiziert, da sie stärker als Männer migrationsfreundliche Parteien wählen. Die dritte Ebene ist klassisch für antifeministische Diskurse und reduziert Frauen auf ihre Gebärfähigkeit und wirft Frauen vor, sie würden zu wenige Kinder bekommen, was zu einer vermeintlichen Überfremdung der „eigenen Gesellschaft" führe (Goetz 2018a, 255–56). Teilweise stellen sich „Identitäre" als die wahren FeministInnen dar, da sie sich gegen Migration und daher in ihren Augen für den Schutz der „eigenen" Frauen einsetzen. In diesem Sinne wird Frauenfeindlichkeit auf Migrant*innen und Linke projiziert (Goetz 2018a, 270). Goetz betont, dass bei den „Identitären" eine (rhetorische) Modernisierung klassischer antifeministischer Diskurse auszumachen ist:

> „In Anlehnung an die Argumentationsstruktur des Ethnopluralismus bzw. Neorassismus, die rassistische Denkformen modernisierte, lässt sich eine ähnliche Modernisierung auch in Hinblick auf die geschlechterpolitischen Äußerungen festmachen, so dass auch von einem Neo-Antifeminismus gesprochen werden kann. [... So], machen sich die ‚Identitären' für Gleichberechtigung aber gegen Gleichartigkeit stark und so lassen sich auch Parallelen zum Ethnopluralismus ziehen: Analog zur Verschiedenartigkeit der ‚Völker', wird die Verschiedenartigkeit der (beiden) Geschlechter betont, die ebenso wie die ‚Völker' nach unterschiedlicher Behandlung verlangen würden." (Goetz 2018a, 271)

Der Überblick über die verschiedenen antifeministischen Strömungen und AkteurInnen macht deutlich, dass einige Themen wie Schwangerschaftsabbrüche und das Festhalten an binären Geschlechterverhältnissen durch verschiedene Gruppierungen und AkteurInnen zentrale Bezugspunkte sind. Insbesondere das Festschreiben von Frauen auf die Mutterrolle und die Norm der heterosexuellen Mehrkind-Familie sind in den verschiedenen Strömungen präsent und ermöglichen so eine gemeinsame Mobilisierung. Lediglich die Variante des neoliberalen (Anti-)Feminismus lässt sich nur eingeschränkt in dieses Spektrum einordnen und ist vor allem hinsichtlich ihrer Auswirkung, der Delegitimierung feministischer Anliegen, in diesem Zusammenhang zu nennen.

Gemeinsame Diskursstrategien

Im letzten Kapitel wurde bereits deutlich, dass verschiedene AkteurInnen versuchen, feministische Begriffe aufzugreifen und im eigenen, antifeministischen Sinne umzudeuten. Darüber hinaus gibt es noch einige weitere Diskursstrategien, die zu verschiedenen Zeiten und von unterschiedlichen antifeministischen AkteurInnen genutzt werden, mit dem Ziel feministische Ansätze und Bewegungen zu delegitimieren. Auf diese gehe ich nun detaillierter ein.

Geistesverwandtschaft von Feminismus und Homosexualität und schützenswerte Kinder

Regelmäßig werden von AntifeministInnen Feminismus und Homosexualität, insbesondere weibliche Homosexualität, miteinander in Verbindung gebracht. Ganz im Sinne dieser Logik wurde in der Debatte zu Gender Mainstreaming feministisches Wissen als homosexuelles Wissen dargestellt. So beschreibt Volker Zastrow im zuvor bereits erwähnten Artikel *Gender Mainstreaming. Politische Geschlechtsumwandlung*, dass die Grundideen für die Maßnahmen des Gender Mainstreamings aus den Gender Studies und von Denker*innen wie Michel Foucault und Judith Butler stammen. Stets erwähnt er in diesem Zusammenhang ihre sexuelle Orientierung:

> „Die bedeutendsten intellektuellen Leitfiguren dieser Forschung sind der 1984 an Aids-Folgen verstorbene französische Philosoph Michel Foucault (geboren 1926) sowie die in Berkeley lehrende Amerikanerin Judith Butler (1959). Foucaults Aneignung durch den Feminismus ist verschiedentlich bemerkt worden, in erster Linie handelt es sich dabei aber um die Übernahme der

Körper- und Identitätstheorien eines homosexuellen Mannes durch homosexuelle Frauen." (Zastrow 2006).

Durch diese Aussage werden homosexuelle und heterosexuelle Menschen als grundlegend verschieden dargestellt und es wird nahegelegt, dass das Denken homosexueller Menschen ihrer Sexualität unterliege (Roßhart 2008, 38). Roßhart arbeitet heraus, dass in dieser Aussage von Zastrow noch weitere Schlussfolgerungen unausgesprochen chiffriert sind:

> „Dass die Homosexualität der Protagonistinnen dieselben als Interessenpolitikerinnen für die Mehrheit der Frauen disqualifiziert, muss von den Rezipient_innen des Textes selbst geschlussfolgert werden. Dennoch ist diese Schlussfolgerung deutlich als dominante Lesart im Text enthalten: Die explizite Differenzierung zwischen Frauen- und Lesbeninteressen und die homosexuelle Konturierung der Feminist_innen provoziert diese Deutung." (Roßhart 2008, 44)

Die aufgrund von Zastrows Artikel entstandene Diskussion um Gender Mainstreaming zeigt, dass die bei Zastrow noch impliziten Schlussfolgerungen mindestens in der *Jungen Freiheit* ihre Entfaltung finden, wenn davon gesprochen wird, dass durch Gender Mainstreaming die Lebensweise einer „abnormen Minderheit" für alle Deutschen verbindlich gemacht werden solle (Roßhart 2008, 44). Auch an anderer Stelle werden Homosexualität und Feminismus in eins gesetzt. So wird gegen (de)konstruktivistische Gender-Ansätze immer wieder vorgebracht, dass diese zu einer Homo-Sexualisierung der Gesellschaft führen würden (Maihofer und Schutzbach 2015, 203).

In antifeministischen Diskursen, die sich offensiv gegen Homosexualität und Geschlechtergerechtigkeit positionieren, werden feministische und queere Forderungen nicht selten mit einem Bezug zu den „schützenswerten Kindern" abgelehnt

(Schmincke 2015, 93). So wird von AntifeministInnen behauptet, dass es durch sexuelle Aufklärung zu einer „Frühsexualisierung“ von Kindern komme (Müller 2011, 79). Hierzu passt es, dass sich die Gruppierung, die die Proteste gegen die Überarbeitung des Bildungsplans in Baden-Württemberg organisierte, *Besorgte Eltern* nannte. Damit präsentieren sich die sog. *Besorgten Eltern* als Identifikations- und Zugehörigkeitsangebot an alle, die ihre Kinder und Familien vor einem übermächtig imaginierten Feminismus beschützen wollen. Um das zu legitimieren oder auch weil sie es tatsächlich so empfinden, beschreiben die BildungsplangegnerInnen ihre heterosexuelle Lebensweise als bedroht, da es durch feministische und queere Bewegungen zum Zerfall der heterosexuellen Kleinfamilie komme. Als Argument gegen die Öffnung der Ehe für gleichgeschlechtliche Paare wird das Recht von Kindern auf Kenntnis ihrer biologischen Abstammung ins Feld geführt. Damit wird der vermeintliche Schutz der Kinder als Begründung gegen die Öffnung der Ehe für gleichgeschlechtliche Paare vorgebracht (Schmincke 2015, 100).

Außerdem wird von AntifeministInnen Homosexualität häufig delegitimiert, indem sie eine vermeintliche Verbindung zwischen Homosexualität und Pädophilie behaupten. Ganz in diesem Sinne argumentierte auch Eva Herman, dass, sollte sexuelle Identität als Merkmal ins Grundgesetz aufgenommen werden, eine Hintertür für Pädophilie geschaffen würde (Kämpf 2015, 109):

> „Es sei noch einmal wiederholt: Für die Legalisierung des Kindsmissbrauchs könnte die geforderte Grundgesetzänderung ein Einfallstor sein. Es darf bezweifelt werden, dass die zum Teil prominenten Befürworter dieser GG-Änderung wirklich wissen, was sie da tun […].“ (Herman 2013).

Auch hier wird der Bezug zu vermeintlich gefährdeten Kindern vorgebracht, um die eigene Meinung zu unterstreichen bzw. moralisch aufzuladen. In ganz ähnlicher Weise äußerte sich auch Professor Hubert Gindert, Vorsitzender des *Forums Deutscher Katholiken*, in einer Rede auf der *Demo für alle* im Juni 2014: „Heute Homo-Ehe, morgen vielleicht Vielweiberei, Inzest-Ehe oder Pädo-Ehe?" (zitiert nach Teidelbaum 2015, 8). Auch MaskulinistInnen instrumentalisieren gezielt Kinder, um ihre Forderungen zu legitimieren und emotional aufzuladen. So traten bei maskulinistischen Kundgebungen häufig Kinder auf, die sich beklagten, in Scheidungsfamilien aufgewachsen zu sein. Die reale Betroffenheit von Kindern wird hier instrumentalisiert und für die eigenen politischen Zwecke genutzt (Claus 2014, 57).

Feminismus als frauen- bzw. männerfeindlich und männliche Opferideologie

Schon an anderer Stelle wurde deutlich, dass Feminismus regelmäßig als frauen- bzw. männerfeindlich beschrieben wird. So wurde bereits in der Debatte um „politicial correctness" in den 1990ern in vielen Zeitungsartikeln Feminismus als asymmetrischer Gegenbegriff zu Freiheit konstruiert und von einem feministischen Geschlechterseparatismus gesprochen, dessen Ziel es sei, „heterosexuelle Beziehungen insgesamt zu unterbinden." (Möller 1999, 115). Außerdem wurde in vielen Artikeln eine „Polarisierung des (angeblich) paternalistischen Feminismus auf der einen Seite und der unabhängigen, emanzipierten Frau auf der anderen Seite" (Möller 1999, 45) konstruiert. In diesem Sinne wurde behauptet, Feminismus habe keine Gültigkeit für bereits emanzipierte Frauen. Auch in den Debatten zu Gender Mainstreaming und (de)konstruktivistischen Geschlechterkonzepten werden letztere als Gegenbild zu individueller Freiheit und insbesondere Gender Mainstreaming als zwanghaftes Erziehungsprojekt dargestellt (Roßhart 2008, 73–74). Dies wurde erreicht, indem Begriffe wie zum Beispiel „Zensur“ verwendet wurden, und behauptet wurde, dass durch feministische Ansätze die Meinungsfreiheit eingeschränkt werde. Dadurch erscheinen feministische Akteur*innen als Staatsmacht, die darüber entscheiden könnten, wem das Rederecht erteilt bzw. wieder entzogen wird (Ganz und Meßmer 2015, 67). Die oft aggressiv vorgetragenen antifeministischen Haltungen werden dadurch als notwendiger, demokratischer Akt für freie Meinungsäußerung inszeniert (Roßhart 2008, 49).

Insbesondere von MaskulinistInnen werden Feminist*innen als grundsätzlich männerhassend dargestellt (Rosenbrock 2012a, 59). So wird im Stile einer männlichen Opferideologie behauptet, dass Männer im Zuge eines Staatsfeminismus mittlerweile in der Arbeitswelt, der Bildung, im Gesundheitssektor und im Scheidungsrecht benachteiligt seien (Gesterkamp 2010, 6). Diese männliche Opferideologie wird teilweise soweit gesponnen, dass MaskulinistInnen Männer gar als die „neuen Juden Deutschlands“ beschreiben, was im Ergebnis einer Relativierung des Holocausts nahekommt (Rosenbrock 2012a, 68). Auch von Seiten der maskulinistischen Incel-Bewegung werden Männer, insbesondere solche, die noch keinen Sex hatten, als von Frauen diskriminiert dargestellt. Die eigene sexuelle Unerfahrenheit wird darauf zurückgeführt, dass Frauen lediglich mit attraktiven Männern Sex haben. Daraus entwickelt sich wiederum eine latente bis aggressive Frauen*verachtung (Oestreich 2014).

Da Feminismus als männerverachtend dargestellt wird, werden auch profeministische Männer von MaskulinistInnen verachtet, ihnen ihre Männlichkeit und Eigenständigkeit abgesprochen und sie als „lila Pudel“ bezeichnet (Rosenbrock 2012a, 64). Ganz im Sinne einer sexistischen Logik werden feministische Männer oft als Speerspitze des Feminismus dargestellt,

Männern also auch im Feminismus mehr zugetraut als Frauen* (Müller 2011, 77–78). Aber nicht nur profeministische Männer sondern alle Feminist*innen werden, insbesondere im Internet, gezielt angegriffen und abgewertet. Das Ziel ist dabei nicht die Überzeugung oder Vereinnahmung, sondern der Ausschluss von Feminist*innen aus dem gesellschaftlichen Diskurs (Rosenbrock 2012b, 140). Der Hass geht teilweise so weit, dass personenbezogene Daten und die Klarnamen feministischer Blogger*innen veröffentlicht werden (Gesterkamp 2010, 12). Diese Praxis wird Doxing genannt.

Ausblenden und Verleugnen struktureller Hierarchieverhältnisse

Dass antifeministischen Ansichten ein sexistisches Weltbild zugrunde liegt, zeigt sich auch an den Diskussionen zur Frauenquote. So werden in zahlreichen Artikeln Frauen mit geschlechtsspezifischen Zuschreibungen bedacht, Frauen als weniger fleißig dargestellt und behauptet, sie hätten oft schlicht kein Interesse an Führungspositionen. Außerdem wird diagnostiziert, dass durch die Quote willkürlich unqualifizierte Frauen* bevorzugt würden. Darüber hinaus werden strukturelle Begebenheiten, die verhindern, dass Frauen* in Führungspositionen kommen, meist ausgeblendet (Kiepels 2013, 63–64). Wenn die strukturelle Benachteiligung von Frauen* thematisiert wird, wird sie als historisch gewachsen und damit als legitim beschrieben. Sollten jedoch nun Karrieren von Männern durch Quoten ausgebremst werden, wird dies hingegen als Willkür dargestellt (Kiepels 2013, 69). Auch in der Debatte um „political correctness“ wurde in der Hälfte der von Simon Möller untersuchten Artikel die Existenz patriarchaler Verhältnisse schlicht geleugnet (Möller 1999, 182). Außerdem werden in jüngeren Debatten strukturelle

Ungleichheitsverhältnisse regelmäßig auf einer individuellen Ebene verhandelt und auf die Eigenverantwortung jedes Menschen verwiesen. Dies entspricht einem neoliberalen Leistungsverständnis, das keine strukturellen Barrieren kennt. In dieser Logik werden feministische Forderungen an die parlamentarische Politik als „Opferfeminismus“ abgelehnt (Roßhart 2008, 22).

Behaupten einer feministischen Übermacht

Im Zuge der Debatte um Gender Mainstreaming wurde in vielen Beiträgen die Befürchtung vorgebracht, dass durch eine feministische Übermacht eigene „normale“ Ansichten zu einer unterdrückten Minderheitenmeinung gemacht würden (Roßhart 2008, 49). Auch bei den Protesten gegen die Neufassung des Bildungsplans zeigten sich diese Vorstellungen. So erklärten Teilnehmende der *Demo für alle* in Stuttgart, sie würden sich als heterosexuelle Mehrheit von Gruppen, die sich gegen die Diskriminierung homosexueller und queerer Personen einsetzen, diskriminiert fühlen (Teidelbaum 2015, 9).[25] Das Bild der Mehrheit, die durch eine Minderheit unterdrückt werde, tauchte bereits in den Diskussionen um „political correctness“ auf. Hier wurde

[25] Untersuchungen der Protestbewegung gegen die Öffnung der Ehe und das Adoptionsrecht für gleichgeschlechtliche Paare in Frankreich (*Manif pour tous*) von Dominique Schirmer zeigen, dass auch dort eine Minderheit (in diesem Fall gleichgeschlechtliche Paare) behauptet wurde, die die gesellschaftliche Mehrheit unterdrücken würde. Die AkteurInnen der Proteste stellten sich sowohl quantitativ („wir sind die Masse“) als auch normativ („wir sind der Mainstream“) als Mehrheit dar. Einige DemonstrantInnen verklebten sich symbolisch die Münder, um damit die zum Schweigen gebrachte Mehrheit zu verkörpern. Wie oben schon gezeigt, behaupteten auch AkteurInnen der *Manif pour tous*-Proteste eine Nähe zwischen Homosexualität und Pädophilie. So äußerte sich eine Person auf einem Blog folgendermaßen: „heute Homosexuelle, morgen Zoophile, Pädophile, Poligame.“ (Schirmer 2015, 120-124).

meist eine „political-correctness-Minderheit“ einer „normalen“ Mehrheit gegenübergestellt, wobei die Minderheit die Mehrheit unterdrücke. Die Gegenüberstellung einer Minderheit, die eine Mehrheit unterdrücke ist zentrales Motiv von Verschwörungstheorien:

> „Zentrale Botschaft von Verschwörungstheorien ist stets die angebliche Feindschaft der Minderheit gegen die Mehrheit; die Aktionspläne der Minderheit werden ‚aufgedeckt', um Erklärungen zu finden [...] oder als Beweis für die Beherrschung der Welt durch finstere Mächte.“ (Benz 2007, 15).

In ähnlichem Stil war in der Debatte zu „politicial correctness“ nicht selten von einer „political-correctness-Diktatur“ die Rede (Auer 2002, 295) oder, wie in Michael Behrens und Robert von Rimschas Buch *Politische Korrektheit in Deutschland. Eine Gefahr für die Demokratie* gar von „verbaler Apartheid“, die durch „political correctness“ geschaffen werde (Behrens und von Rimscha 1995, 177). In ähnlicher Weise wurde im *Cicero* im Zuge der Debatte um Gender Mainstreaming Feminismus als „Rassismus der Geschlechter“ behauptet, der eine ungerechte Gesellschaftsordnung anstrebe (Roßhart 2008, 73).

Da von vielen AntifeministInnen ein Staatsfeminismus bzw. ein feministisches Regime imaginiert wird, äußert sich Antifeminismus häufig auch in einem (rhetorischen) Antietatismus.[26] So beklagen sie sich in einer „die-da-oben“-Rhetorik über

---

[26] Auch wenn in der Forschung teilweise lediglich von Antietatismus gesprochen wird, ist es meiner Meinung nach notwendig, auch in Anlehnung an Stephan Lessenich (2012, 2) darauf hinzuweisen, dass es den AkteurInnen weniger um eine tatsächliche fundamentale Staatskritik geht, sondern vor allem der Sozialstaat und verschiedenste Varianten von Gleichstellungspolitiken kritisiert und abgelehnt werden. Dies drücke ich aus, indem ich das Adjektiv „rhetorisch“ voranstelle. Simon Möller erklärt die Ablehnung des Sozialstaats aus antifemi-

staatliche Bevormundung und kritisieren, dass Maßnahmen wie Gender Mainstreaming reine Verschwendung von Steuergeldern seien (Gesterkamp 2010, 6). Öffentliche Diskussionen über Gewaltverhältnisse in Familien werden in dieser Logik als Eindringen in die private Sphäre dargestellt (Müller 2011, 79). Viele Aussagen in antifeministischen Diskussionen, insbesondere die Feindbildkonstruktion einer feministischen oder auch politisch korrekten „Gruppe", ähneln antisemitischen Verschwörungsmythen (Auer 2002, 296).[27] Ganz in diesem Stile werden feministische Strömungen – allein in den 1970ern und 1980ern sind etwa zehn verschiedene Strömungen auszumachen – homogenisiert und als Feindbild wird „der Feminismus" ausgemacht. Dieser wird für alle gesellschaftlichen Veränderungen, die als problematisch erachtet werden, verantwortlich gemacht (Rosenbrock 2012, 59). Darüber hinaus wurde Gender Mainstreaming nicht selten als feministisches Geheimprojekt beschrieben. So wird behauptet, dass die theoretischen Hintergründe und eigentlichen Ziele im Sinne einer „hidden agenda" verschleiert würden. Als ob eine geschlechtergerechtere Gesellschaft nicht für sich stehend ein Ziel sein könne. Ganz dieser Logik verhaftet werden Feminist*innen oft als übermächtig und Feminismus als totalitäres Regime dargestellt (Roßhart 2008, 48). Im Zuge dessen wird insbesondere von MaskulinistInnen behauptet, Deutschland sei

nistischer Perspektive damit, dass durch sozialstaatliche Maßnahmen Diskriminierung und Benachteiligungen aufgrund des Geschlechts teilweise ausgeglichen wurden (Möller 1999, 17).

[27] Zahlreiche Studien belegen, dass die Vorstellung Jüdinnen und Juden hätten gesellschaftlich zu viel Macht und Einfluss auf den Staat, die Medien, Kultur, die Wirtschaft und insbesondere die Finanzwelt, noch immer weit verbreitet ist. Hinter dem vermeintlich angestrebten Machterwerb bzw. Machterhalt wird das abstrakte „Weltjudentum" vermutet. Als Beweis gelten die längst als Fälschung belegten *Protokolle der Weisen von Zion*. Dieser Text entstand um 1898. Die Vorstellung der jüdischen Weltverschwörung wurde insbesondere im Nationalsozialismus verbreitet und diente als Legitimation der Verfolgung von Jüdinnen und Juden. Die Vorstellung einer jüdischen Weltverschwörung reicht jedoch schon weit bis ins Mittelalter zurück (Benz 2008, 174–75).

bereits eine Femokratie, also ein feministisches Regime, und auch die Medien würden von Feminist*innen kontrolliert (Rosenbrock 2012a, 59). Jonas Fedders erklärt, dass verschwörungsideologische Narrative für AntifeministInnen notwendig sind, um das merheitsgesellschaftliche Ideal der männlichen Stärke bei gleichzeitig vorhandenen Gefühlen der Hilflosigkeit aufrechterhalten zu können. Dies gelingt, indem eine feministische Übermacht imaginiert wird (Fedders 2018, 228).

Exkurs: Antifeminismus und Antisemitismus

An verschiedener Stelle wurde bereits deutlich, dass sich Antifeminismus verschwörungsideologischer Elemente bedient und sich in antisemitischen Codes äußert.[28] Bei der Betrachtung des Zusammenhangs von Antisemitismus und Antifeminismus fällt auf, dass sich Antifeminismus und moderner Antisemitismus im 19. Jahrhundert herausbildeten und als Gegenreaktion zu Emanzipationsbestrebungen beider Gruppen aufkamen (Volkov 2001, 72). Dabei waren Antifeminismus und Antisemitismus stets durch eine Vorstellung natürlicher Ungleichheit gekennzeichnet, was mit vermeintlich naturwissenschaftlichen Erkenntnissen begründet wurde. In diesem Sinne verschmolzen Antisemitismus und Antifeminismus damals in einem antimodernen Weltbild (Fedders 2018, 215). Da Antisemitismus hauptsächlich von der Geschichtswissenschaft, Antifeminismus seitens der Frauen- und Geschlechterforschung analysiert wird, wurde das

---

[28] Da Antisemitismus juristisch und auch gesellschaftlich zu weiten Teilen sanktioniert wird, äußert er sich oft über kommunikative Umwege und in sogenannten Codes, die für sich stehend harmlos wirken, aber von den RezipientInnen entschlüsselt werden (Fedders 2018, 220). Zentrales Bild hierbei ist eine einflussreiche steuernde Elite im Hintergrund, die gar nicht als jüdisch bezeichnet werden muss, um sich mit der noch immer wirksamen Verschwörung eines einflussreichen Weltjudentums zu verbinden.

Verhältnis beider Ideologien zueinander lange Zeit kaum in den Blick genommen (Schaser 2003, 66). Allerdings hielten bereits Horkheimer und Adorno in der *Dialektik der Aufklärung* fest:

> „Die Erklärung des Hasses gegen das Weib als die schwächere an geistiger und körperlicher Macht, die an ihrer Stirn das Siegel der Herrschaft trägt, ist zugleich die des Judenhasses." (Adorno und Horkheimer 2011, 120).

Die Soziologin Karin Stögner hat sich in ihrer Arbeit *Antisemitismus und Sexismus* (2014) der Aufgabe angenommen, das Verhältnis von Antisemitismus und Sexismus/ Antifeminismus systematisch zu analysieren. Gleich zu Beginn hebt sie hervor, welche Schwierigkeiten bei diesem Vorhaben zu beachten sind:

> „Das Unterfangen, die vielschichtigen Verflechtungen und das gegenseitige Durchdringen von Antisemitismus und Sexismus in den Blick zu nehmen, läuft Gefahr, sich dem Vorwurf der Analogisierung von Ungleichem auszusetzen. Dem soll hier gegengearbeitet werden. [...] Das Herausarbeiten von Ähnlichkeiten [...] muss im Schatten der Shoah bedacht vorgenommen werden. Denn werden auf der gesellschaftstheoretischen und psychologischen Ebene Ähnlichkeiten sichtbar, so stechen die Unterschiede doch in der Praxis der Judenverfolgung im Nationalsozialismus hervor. [...] Der hier häufig vorzufindende Vergleich zwischen Hexenverfolgung und Shoah steht im Zeichen eines Wettbewerbs darum, wer am meisten gelitten habe, der nach 1945 zumal in Deutschland und Österreich einem breit geführten Schuldabwehrdiskurs dient." (Stögner 2014, 13–14).

Michaela Raggam-Blesch (2003, 16) erkennt eine Gemeinsamkeit von Antisemitismus und Antifeminismus darin, dass sowohl Frauen als auch Jüdinnen und Juden als die Verkörperung des Anderen schlechthin und als Projektionsfläche verschiedener Angstvorstellungen seitens einer nicht-jüdischen und männlich dominierten Welt dienten. Darüber hinaus arbeiten beide Ideologien mit einer Naturalisierung und Biologisierung der jeweiligen Subjekte. So werden sowohl Jüd*innen als auch Frauen als unzivilisiert, triebhaft und kulturlos konstruiert. Die beiden Ideologien durchdringen sich auch dahingehend, dass Juden mit „weiblichen" Eigenschaften und Frauen mit „jüdischen" Eigenschaften ausgestattet werden. So gelten Juden aufgrund der Beschneidung und eines zugeschriebenen geringen Brustumfangs als effemiert (Fedders 2018, 218).

Karin Stögner führt weiter aus, dass sowohl Frauen als auch Jüdinnen und Juden gleichzeitig mit Schwäche und Übermacht assoziiert werden. Es werden also verschiedene Projektionen in ein Objekt gelegt (Stögner 2014, 52–53). In Anlehnung an Ansätze der Kritischen Theorie und der Psychoanalyse argumentiert Stögner (2014, 50–52), dass Kinder ihre Mütter und damit Frauen zunächst als mächtig erleben (Vorstellung von mütterlicher/weiblicher Allmacht). Später erfahren sie Frauen jedoch als in der patriarchalen Welt unterdrückt. Auch das Bild von Jüdinnen und Juden wird durch antisemitische Ideologien als uneindeutig konstruiert. Sie gelten einerseits als minderwertig, gleichzeitig wird ihnen eine Übermacht unterstellt. Darin erkennt Stögner einen der Hauptunterschiede zu weiteren Ungleichheitsideologien wie Rassismus (Stögner 2014, 50). Diese uneindeutige Konstruktion von Frauen und Jüd*innen widerspricht darüber hinaus dem Druck zur Vereinheitlichung, einem der zentralen Kennzeichen der Zivilisation (Stögner 2014, 87).

> „»Durch Reinheit zur Einheit« ist das Prinzip der Mixophobie, nach dem Menschen einander ausschließenden Gruppen zugeordnet werden. Es spielt im Antisemitismus eine ebenso große Rolle wie im Antifeminismus und im Nationalismus." (Stögner 2017, 143)

Als weiteren Ausdruck einer gesellschaftlichen Mixophobie beschreibt Stögner, dass Geschlechtergrenzen streng gezogen werden. Diesem Anspruch wird sowohl durch eine antisemitische Konstruktion von Juden als effeminiert und Jüdinnen als vermännlicht (Stögner 2017, 141–42), als auch durch feministische Ansätze, die eine binäre und hierarchische Geschlechterordnung hinterfragen, widersprochen.

Eine weitere Ähnlichkeit beider Ideologien zeigt sich an der sowohl im Antisemitismus, als auch im Antifeminismus weit verbreiteten anti-intellektuellen Haltung. Dies hängt Stögner zufolge damit zusammen, dass sowohl der „jüdische" als auch der „weibliche" Geist, und zwar bereits im Kaiserreich, als zersetzend und die Einheit des Volkskörpers unterwandernd galten (Stögner 2014, 76–77). Die anti-intellektuelle Haltung zeigt sich aktuell überdeutlich an der Hetze gegen Gender Studies und andere kritische Geistes-, Sozial-, und Kulturwissenschaften. Die schon implizit vorhandenen Gemeinsamkeiten werden von AutorInnen der rechten Publikation *Compact* aktiv miteinander zu verknüpfen versucht, indem Feminismus als jüdisches Projekt behauptet wird. So wird mit folgenden Worten eine vermeintlich reale Person „Nicholas Rockefeller" zitiert – wobei der Nachname auf die Familie Rockefeller, als Code für eine „einflussreiche jüdische Elite" (Fedders 2018, 224) verweist, mit folgenden Worten zitiert:

> „Der Feminismus ist unsere Erfindung aus zwei Gründen. Vorher zahlte nur die Hälfte der Bevölkerung Steuern, jetzt fast alle weil die Frauen arbeiten gehen. […] Indem wir die Frauen gegen die Männer aufhetzen und die Partnerschaft und die Gemeinschaft der Familie zerstören, haben wir eine kaputte Gesellschaft aus Egoisten geschaffen, die arbeiten (für die angebliche Karriere), konsumieren (Mode, Schönheit, Marken), dadurch unsere Sklaven sind und es dann auch noch gut finden." (Zitiert nach Fedders 2018, 224).

Dies wird wiederum in Internetforen aufgegriffen und behauptet, die „Rockefellers und Rothschilds haben den Feminismus erfunden um die Familie und die Mann-Frau-Beziehung zu vergiften." (zitiert nach Fedders 2018, 225). Und auch Birgit Kelle bedient sich freimütig antisemitischer Codes, wenn sie gegen Akteur*innen hetzt, die sich für sexuelle und geschlechtliche Vielfalt einsetzen: „In den Augen der Strippenzieher an der Gender-Front stören Eltern nur noch bei der Umformung ihrer Kinder zum neuen Menschen." (zitiert nach Fedders 2018, 222)

Darüber hinaus nimmt Stögner in ihrer Forschung Bezug zu den *Studien zum autoritären Charakter* (Adorno 1976), die aufzeigen, dass Ideologien wie Nationalismus, Antisemitismus und Antifeminismus in einem engen Zusammenhang zueinander stehen. Horkheimer und Adorno gingen davon aus, dass sich die verschiedenen Ideologien durchdringen und je nach politischer und gesellschaftlicher Situation überdecken können (Stögner 2017, 137). Ausgehend von diesem Ansatz geht Stögner der Frage nach, ob der mittlerweile seitens der österreichischen rechten *Freiheitlichen Partei Österreich* (FPÖ) nicht mehr so offen geäußerte Antisemitismus durch nun vehement vorgetragenen Nationalismus und Antifeminismus wirksam wird. Hinsichtlich der FPÖ kommt Stögner zu folgendem Ergebnis:

> „Der Genderdiskurs kann dabei durchaus als Deckideologie für sekundären Antisemitismus fungieren. [...] Die Flexibilität des Antisemitismus, der den Charakter einer Welterklärung annimmt, erweist sich auch darin, dass er von anderen wesensverwandten Ideologien vertreten werden kann, ohne dass er dadurch seine Wirkung einbüßen würde. Das liegt daran, dass Nationalismus, Sexismus/Antifeminismus/Homophobie und Antisemitismus ineinander verzahnte Ideologien sind, die sich gerade auch in gegenseitiger Verschränkung beständig neu formieren. [...] Frauenfeindliche und antifeministische Diskurse

eignen sich ebenfalls dafür, eine antisemitische Bedeutung mitzutransportieren." (Stögner 2017, 153).

Nicht nur aufgrund dieser These lässt sich festhalten, dass verschwörungsideologischer Antisemitismus aus dem Diskursfeld des Antifeminismus nicht mehr wegzudenken ist (Fedders 2018, 214) und es Antisemitismus als Welterklärungsmuster gelingt, sämtliche Erscheinungsformen des Antifeminismus miteinander zu verbinden (Culina 2018, 92).

Erklärungsansätze

In der Forschung herrscht weitestgehend Einigkeit darüber, dass Antifeminismus als Reaktion auf gesellschaftliche Veränderung entsteht und eine Bewältigungsstrategie darstellt, um mit Gefühlen der Unsicherheit umzugehen. Als Indiz hierfür nennt Franziska Schutzbach, dass sich im Antifeminismus stets der Wunsch nach Sicherheit und Eindeutigkeit der Geschlechterordnung äußert. So wird beispielsweise die (heterosexuelle) Kleinfamilie als Ort der Sicherheit imaginiert, der frei von negativen gesellschaftlichen Verhältnissen sei (Schutzbach 2016, 594). Imke Schmincke erklärt die Zunahme antifeministischer Mobilisierung auf eine ähnliche Weise. So hält sie den Zulauf zu fundamentalistischen Gruppierungen, ob religiös oder populistisch, für den Ausdruck einer Suche nach Orientierung, welche in einer sich rasch verändernden Welt aufgrund eines beschleunigten sozialen Wandels an Bedeutung gewinnt (Schmincke 2015, 105).

Wandel der Geschlechterverhältnisse und Männlichkeitskonzepte

> „Was also eine erfolgreiche Männlichkeit, Weiblichkeit, Familie, Sexualität, gelungene Kindheit etc. ist, ist nicht mehr gegeben, womit *unhinterfragbare Gewissheiten* prekär werden."
>
> (Motakef, Teschlade, und Wimbauer 2015, 46).

In Hinblick auf die aktuelle Geschlechterordnung wird deutlich, dass diese momentan einem enormen Wandel unterliegt und sich von einer grundlegenden Transformation derselben sprechen lässt (Lenz 2013, 204). Diese Transformation wurde wesentlich von der Frauenbewegung vorangetrieben, indem sie die Geschlechterordnung in den letzten drei bis vier Jahrzehnten grundlegend hinterfragte, wodurch diese immer beweglicher wurde (Lehnert 2011, 95). So ist es feministischen Interventionen gelungen, den „Wahrheitsraum Geschlecht", der seit der Herausbildung der modernen Wissenschaften vor etwa 200 Jahren an der Naturalisierung von Geschlecht ausgerichtet war, neu zu ordnen (Hark und Villa 2015b, 29–30). Bislang gültige Normen und Konstruktionen wurden als solche erkennbar und brüchig. Als Beispiele hierfür lassen sich Popstars wie Lady Gaga oder Conchita Wurst nennen, die queere und gender-non-binäre Lebensrealitäten für ein breites Publikum sichtbar machen (Schutzbach 2016, 593). Auch die Öffnung der Ehe für gleichgeschlechtliche Paare im Oktober 2017 und die Rechtsprechung des Bundesverfassungsgerichts hinsichtlich des Personenstandsrechts im November 2017 stellen die heterosexuelle und zweigeschlechtliche Gesellschaftsordnung in Frage. So kann seit Januar 2019 neben „männlich" und „weiblich" auch „divers" als Geschlechtsidentität in den Personalausweis eingetragen werden.

Wenn man wie etwa Nina Degele Gender Studies als „paradigmatisch[e] Verunsicherungswissenschaft“ (Degele 2003, 9) versteht, womit sie das gesellschaftliche Veränderungspotential der Gender Studies betont, werden Angriffe von AntifeministInnen auf selbige nachvollziehbar. Denn AntifeministInnen wehren sich massiv gegen jede Veränderung hinsichtlich des Geschlechterverhältnisses, da ihnen die Vorstellung starrer Geschlechtsidentitäten, die keine Übergänge erlauben eine (Pseudo-)Sicherheit vermittelt (Stögner 2014, 46):

> „Somit kommt dem rigiden Geschlechterdualismus nicht zuletzt auch eine Schutzfunktion zu, die vor Zumutungen bewahren soll, die durch Pluralisierungen und Veruneindeutigungen entstehen können.“ (Goetz 2018a, 261–62).

Die Vermutung, dass antifeministische Mobilisierungen Reaktionen auf sich wandelnde bzw. gewandelte Geschlechterverhältnisse sind, wird von der Beobachtung unterfüttert, dass Antifeminismus stets dann zunimmt, wenn es zu gesetzlichen Neuerungen (beispielsweise das Gesetz gegen sexuelle Belästigung am Arbeitsplatz), der Implementierung gleichstellungspolitischer Maßnahmen wie Gender Mainstreaming, einer Frauenquote oder der Überarbeitung des Bildungsplans kommt. Dabei unterliegt die Kategorie Geschlecht seit jeher einem ständigen Wandel. Geschlechterkonzepte, die auf einer starren, natürlichen Vorstellung von Geschlecht aufbauen, wie es sich idealtypisch in der Ideologie der „Volksgemeinschaft“ wiederfindet, stehen damit in einem ständigen Widerspruch zur gesellschaftlichen Realität, die von Wandel und Veränderung geprägt ist (Lehnert 2011, 91). Eine starre Vorstellung von Geschlecht ist jedoch nicht nur im Konzept der „Volksgemeinschaft“ vorhanden, sondern Teil des alltäglichen Geschlechterwissens (Hark und Villa 2015b, 29). Dadurch ist Antifeminismus, als Wunsch zur vermeintlichen Renaturalisierung der Geschlechterverhältnisse, auch in weiten Teilen der Gesellschaft anschlussfähig (Lehnert 2011, 98–99).

Im Zuge der Frauenbewegung, die Geschlechterstereotype hinterfragte, haben auch traditionelle Männlichkeitskonzepte ihre unhinterfragte Gültigkeit verloren (Claus 2014, 14). Dies galt bereits für die Infragestellung sozialer Rollen durch die Frauenbewegung des 19. Jahrhunderts und verstärkte sich noch durch deren wissenschaftliche Implementierung im 20. Jahrhundert. Geschlechtsspezifische Hierarchieverhältnisse, die von Theoretiker*innen beispielsweise als männliche Herrschaft[29] (Bourdieu 2005) oder hegemoniale Männlichkeit[30] (Connell 2015) beschrieben werden, wurden brüchig. Die Formierung einer konservativen bis reaktionären Männerrechtsbewegung, wie sie sich im Maskulinismus wiederfindet, kann Robert Claus zufolge (2014, 14–15) daher als Strategie zum Machterhalt der gesellschaftlichen Vorrangstellung durch Männer verstanden werden.

---

[29] Unter männlicher Herrschaft versteht Pierre Bourdieu das gesellschaftlich bestehende Herrschaftsverhältnis zwischen Männern und Frauen. Er beschreibt die bestehende Ordnung als geprägt von Bevorzugungen und Privilegien von Männern gegenüber Frauen (Bourdieu 2005, 7) und betont, dass die männliche Ordnung deshalb so reibungslos funktioniere, da sie keiner Rechtfertigung bedürfe (Bourdieu 2005, 21). Dies erklärt er damit, dass die einzelnen gesellschaftlichen Akteur*innen unablässig an der Reproduktion der männlichen Ordnung beteiligt seien (Bourdieu 2005, 65), was sich wiederum „in einer tiefgreifenden und dauerhaften Transformation der Körper (und des Geistes)" (Bourdieu 2005, 45) nieder schlage. Als natürlich wahrgenommener Habitus werde diese Transformation „zum inkorporierten sozialen Gesetz" (Bourdieu 2005, 91).

[30] Auch Raewyn Connell analysiert die gesellschaftliche Verknüpfung von Männlichkeit und Herrschaft. Sie betrachtet jedoch nicht nur die hegemoniale Männlichkeit von Männern gegenüber Frauen, sondern auch die Dominanz von Männern untereinander (Meuser und Müller 2015, 10). Connell arbeitet heraus, dass es mehrere Formen von Männlichkeit gibt, die wiederum mit class, race und weiteren gesellschaftlichen Kategorien zusammenhängen. Der hegemonialen Männlichkeit wird wiederum alles untergeordnet, was aus der „patriarchalen Ideologie" ausgeschlossen ist. Dies zeigt sich beispielsweise an der Dominanz heterosexueller gegenüber homosexuellen Männern (Connell 2015, 130–32). Connell hält fest, dass trotz verschiedener Formen der Männlichkeit „die überwiegende Mehrzahl der Männer von der Vorherrschaft dieser Männlichkeitsform [profitiert], weil sie an der patriarchalen Dividende teilhaben, dem allgemeinen Vorteil, der den Männern aus der Unterdrückung der Frauen erwächst." (Connell 2015, 133).

In diesem Sinne sind Kämpfe im Geschlechterverhältnis immer zugleich Kämpfe um gesellschaftliche Ressourcen, denn die historisch geprägte männliche Konnotation von Erwerbsarbeit, insbesondere von gut bezahlten Führungspositionen, sicherte Männern bislang meist unhinterfragt gesellschaftliche Ressourcen und bessere Zugänge zu diesen Jobs. Auch Robert Claus betont, dass Veränderungen im Geschlechterverhältnis in der Moderne schon immer vorhanden waren. Aktuelle Veränderungen des Geschlechterverhältnisses, die nicht nur von MaskulinistInnen häufig als Krise von Männlichkeit beschrieben werden, sind also keine historische Ausnahme:

> „Somit ist das in einer Gesellschaft vorherrschende Verständnis von Männlichkeit(en) immer das Ergebnis sozialer Auseinandersetzungen um Macht und Ressourcen, denn es unterliegt einem steten Modernisierungszwang. Demzufolge hat es Umbrüche und Wandlungen in den Männlichkeitsnormen in allen Zeiten der Moderne gegeben. Doch viele Männer nahmen diese Veränderungen als Bedrohung und Krise wahr. Oftmals ging dies damit einher, dass Politik- und Rechtsansprüche von Frauen abgewehrt wurden. Denn in aller Regel betonten weiße, christliche, heterosexuelle Männer der Mittelklasse diese Krise, um einem drohenden Machtverlust vorzubeugen." (Claus 2014, 15).

Doch trotz aller Beispiele für ständige Veränderungen im Geschlechterverhältnis und von Männlichkeitskonzepten ist hervorzuheben, dass sich einige gesellschaftliche Phänomene (noch) nicht geändert haben. So übernehmen Männer noch immer deutlich weniger bezahlte oder unbezahlte Sorge- und Pflegearbeit und noch immer verdienen Frauen sogar für die gleiche Erwerbsarbeit weniger als Männer (Gender Pay Gap) und sind deutlich häufiger prekär beschäftigt und damit finanziell oft weiterhin von Männern abhängig (Klaus 2008, 177). Zwar hat die offene Abwertung von Frauen in großen Medien abgenommen, doch weiterhin werden geschlechtsstereotype Zuschreibungen und Zweigeschlechtlichkeit kaum hinterfragt und oft subtil reproduziert (Klaus und Lüneborg 2013, 81).

Wirtschaftliche Prekarisierung

Doch nicht nur Veränderungen im Geschlechterverhältnis werden in der Forschung als Erklärung für die Entstehung von Antifeminismus angeführt. So wird seitens vieler Forschender auf wirtschaftliche Entwicklungen, insbesondere auf wirtschaftliche Prekarisierung als Grund für die Zunahme antifeministischer Mobilisierung hingewiesen.[31] Julia Roßhart (2008, 19–20) beschreibt in der Analyse der Debatte um Gender Mainstreaming die wirtschaftliche Situation als von der Transformation der kapitalistischen Gesellschaft geprägt. Diese befinde sich aktuell im Übergang zwischen Fordismus und Postfordismus, was zu grundlegenden Änderungen der Organisation der Arbeits- und Lebensweise führe. Diese Veränderungen macht Roßhart fest an der Zunahme nicht sozialversicherungspflichtiger Beschäftigungsverhältnisse, dem Sinken des Lohnniveaus, der Zunahme von Teilzeitarbeit bei gleichzeitiger Ausbreitung des Niedriglohnsektors und der Erwartung an die Beschäftigten, möglichst flexibel und mobil zu sein. Im Zuge dieser Entwicklungen wird von der parlamentarischen Politik nicht (mehr) auf staatliche Absicherung und Solidarität, sondern vielmehr auf Eigenverantwortung und den Abbau sozialer Sicherungssysteme gesetzt. Roßhart

[31] „In der einschlägigen Literatur gilt Erwerbsarbeit dann als »prekär«, wenn die für ein Normalarbeitsverhältnis charakteristischen sozialen, rechtlichen und betrieblichen Standards unterschritten werden. [...] Prekarität kann nur an gesellschaftlichen Normalitätsstandards gemessen werden, die ihrerseits historischen Veränderungen unterliegen [...].“ (Kraemer und Speidel 2005, 375).

beschreibt, dass Frauen im Zuge dessen in prekäre Teilzeiterwerbsarbeit gedrängt wurden, wobei die (unbezahlte) Sorge- und Pflegearbeit weiterhin zum großen Teil von ihnen geleistet wird. Da das zumindest in Westdeutschland bislang dominant vorherrschende männliche Ernährermodell an Bedeutung verliert, werden Roßhart zufolge vergeschlechtlichte Lebens- und Arbeitsverhältnisse bis hin zur Vorstellung von Männlichkeit und Weiblichkeit infrage gestellt. Dies macht die familiäre Erwerbskonstellation zu einem Ort für politische Deutungskämpfe (Roßhart 2008, 19–20), denn bislang legitimierte die Norm des starken Familienernährers die Struktur der ungleichen Arbeitsteilung in der Familie, die wiederum die Festschreibung der geschlechtlichen Ungleichheit beförderte (Lenz 2013, 207).

Katrin Ganz erkennt den Erfolg antifeministischer AkteurInnen darin, dass es ihnen gelingt, reale Prekarisierungserfahrungen „als Effekt eines politisch bewusst herbeigeführten Zerfalls traditioneller Geschlechterrollen und Familienstrukturen“ (Ganz 2015) zu deuten. In neoliberalen Zeiten, in denen Sparmaßnahmen als alternativlos propagiert werden, tritt ihr zufolge Antifeminismus als Identifikationsangebot auf, mit dem eine Opposition zum aktuellen Status quo ausgedrückt werden kann. Neoliberalismus kann also nicht nur als Variante des Antifeminismus begriffen werden, sondern wird in der Forschung darüber hinaus auch als eine Ursache für die Zunahme antifeministischer Mobilisierung verstanden. Antifeminismus scheint also geeignet, die verschiedenen Strömungen und AkteurInnen durch ein gemeinsames Feindbild zu einen und inhaltliche Differenzen zu überbrücken: „Es handelt sich dabei um reaktionäre Formen der Krisenbearbeitung im Kontext einer Krise der sozialen Reproduktion.“ (Ganz 2015).

Studien zeigen darüber hinaus, dass nicht nur tatsächliche Prekarisierung, sondern auch nur die ständige Konfrontation mit prekären Beschäftigungsverhältnissen subjektive Prekarisierungsängste auslösen können. So kommen beispielsweise die Einstellungsuntersuchungen *Deutsche Zustände*, die von einer Forschungsgruppe um Wilhelm Heitmeyer als Langzeituntersuchung seit 2002 durchgeführt werden, zu dem Ergebnis, dass die Zunahme des Syndroms der gruppenbezogenen Menschenfeindlichkeit[32] seit der Finanzkrise 2008 auch bei Menschen mit höherem Einkommen enorm zugenommen hat (Heitmeyer 2012, 25). Subjektive Unsicherheit kann Motakef u.a. (2015, 43–47) zufolge in der Wahrnehmung objektive Sicherheit überlagern. Die Angst vor dem eigenen Statusverlust insbesondere von Männern, die bislang gesellschaftlich eine privilegiertere Position als Frauen innehatten, werde durch Schuldzuweisung an andere, in diesem Fall Feminist*innen, bewältigt. Feminismus wird also auch deshalb als Feindbild herangezogen, da der gleichberechtigte Zugang zur Erwerbsarbeit stets eine zentrale Forderung vieler Feminist*innen war. Dabei ist es irrelevant, dass das (männliche) Alleinernährermodell weniger aufgrund feministischer Forderungen, sondern vor allem aufgrund von Aktivierungs-Strategien wie Hartz IV erodierte (Motakef, Teschlade, und Wimbauer 2015, 43–47).

Viele Wissenschaftler*innen machen darüber hinaus deutlich, dass wirtschaftliche Verunsicherung nicht automatisch zu rechten, bzw. in diesem Fall antifeministischen Einstellungen

---

[32] Der Begriff „gruppenbezogene Menschenfeindlichkeit" wurde von Wilhelm Heitmeyer geprägt. Mit dem Begriff wird ausgedrückt, dass es sich nicht um ein interindividuelles Feindschaftsverhältnis handelt, sondern sich die Feindschaft auf eine Gruppe bezieht. Personen, die dieser Gruppe zugeordnet werden, werden als ungleichwertig markiert und sind feindseliger Mentalität, Abwertung und Ausgrenzung ausgesetzt. Unter dem Begriff werden zwölf verschiedene Diskriminierungsformen gefasst. Da die einzelnen Abwertungsideologien untereinander zusammenhängen und gehäuft in Kombination miteinander auftreten, wird auch vom Syndrom der gruppenbezogenen Menschenfeindlichkeit gesprochen (Heitmeyer 2012, 16–17).

führen muss. Dies formulieren Adorno u.a. als Ausgangspunkt der *Studien zum autoritären Charakter* folgendermaßen:

> „Um zu erklären, warum Personen mit gleichem sozioökonomischen Status so häufig verschiedenen Ideologien und solche mit verschiedenem Status so häufig gleichartigen Ideologien anhängen, müssen andere als rein wirtschaftliche Bedürfnisse zugrunde gelegt werden." (Adorno 1976, 10–11).

In ähnlicher Weise betont Birgit Rommelspacher, dass gesellschaftliche und wirtschaftliche Verunsicherung auch mit einer gesteigerten Solidarität beantwortet werden könnte. Die jeweilige Reaktion sieht sie vor allem in Zusammenhang mit grundsätzlich vermittelten und geteilten Werten: „Zu welcher Seite der/die Einzelne politisch tendiert, hängt nicht allein von ihrer/seiner sozialen Positionierung ab, sondern auch davon wie sie/er diese interpretiert. D.h. dass in die Analyse [... auch] die subjektive Ebene, die Bewusstseinsinhalte und die Werteorientierungen" (Rommelspacher 2011, 48) einbezogen werden müssen. Antifeminismus kann also als Indikator für gesellschaftliche und wirtschaftliche Verunsicherung betrachtet werden, ist jedoch nicht die einzige mögliche Reaktion auf Verunsicherung.

Zusammenfassung und Forschungsausblick

Zeitübergreifende Charakteristika von Antifeminismus

In dieser Studie zeichnete ich zunächst die Entstehung des Antifeminismus im Kaiserreich nach. Anschließend arbeitete ich antifeministische Entwicklungen in Deutschland ab 1990 hinsichtlich inhaltlich-thematischer Debatten, der Strömungen und AkteurInnen, gemeinsamer Diskursstrategien und bestehender Erklärungsansätze für die Entstehung des Antifeminismus heraus. Zum Abschluss dieser Studie zeige ich nun die Gemeinsamkeiten und Unterschiede des historischen und aktuellen Antifeminismus auf. Augenfällig sind hier zunächst die großen Unterschiede. AntifeministInnen im Kaiserreich ging es darum, zu verhindern, dass Frauen grundlegende Bürgerrechte, insbesondere das Wahlrecht, erlangen. Weitestgehend gleiche Rechte und insbesondere das Wahlrecht für Frauen sind in Deutschland mittlerweile fest verankert und werden auch von reaktionären und (extrem) rechten AkteurInnen nicht (öffentlich) infrage gestellt.[33]

[33] Eine Ausnahme stellt hierbei gegenwärtig die Publizistin Caroline Sommerfeld-Lethen dar, die sich der "Neuen Rechten" zuordnen lässt. So äußerte sie sich im Sommer 2017 in der rechten Zeitschrift "Sezession" folgendermaßen: „Es entspricht meiner weiblichen Natur, Männer für mich entscheiden zu lassen. (...) Wenn die Männer - wie alle Wahlanalysen lehren, USA, Frankreich, Österreich, Deutschland - vernünftiger wählen als die Frauen, ist alles dazu angetan, das Wahlrecht zu ändern.“ (zitiert nach: Stokowski 2018: http://www.spiegel.de/kultur/gesellschaft/rechtsreaktionaere-lasst-euch-doch-nach-vorgestern-beamen-a-1234636.html). Diese Äußerungen lässt sich im Sinne aktueller rechter Strategie verstehen, durch gezielte Provokationen die Grenzen des sag- und damit auch von vielen denkbaren, gezielt zu verschieben.

Auch höhere Frauenbildung wurde von AntifeministInnen im Kaiserreich mit verschiedenen Argumenten bekämpft. Angesichts heutiger Rechtsverhältnisse sind solche Forderungen kaum noch denk- oder vertretbar. Betrachtet man jedoch aktuell gesellschaftlich einflussreiche Bereiche, etwa den Politik- oder auch den Wissenschaftsbetrieb, so wird deutlich, dass Männer hier noch immer stärker präsent sind als Frauen. Im Bereich der parlamentarischen Politik sind Frauen längst nicht paritätisch vertreten.[34] Hier ließe sich ein Langzeiteffekt der im Kaiserreich dominant und strikt vorherrschenden binären Gesellschaftsordnung vermuten, nach der Männern das öffentliche Wirken und Frauen der private Bereich zugeordnet wurde. Auch im Bereich der Wissenschaft ist zu beobachten, dass Männer, trotz eines allgemein gestiegenen Frauenanteils, in leitenden Positionen (insbesondere Professuren) deutlich stärker vertreten sind als Frauen (Beaufaÿs, Engels, und Kahlert 2012, 91). Vor allem in Disziplinen, denen abstraktes und theoretisches Denkvermögen zugeordnet wird, wie der Philosophie und diversen Naturwissenschaften (Bourdieu 2005, 157–58), sind Frauen deutlich unterrepräsentiert. Dies ist womöglich ebenfalls ein Langzeiteffekt der Vorstellung, dass allein Männer Träger des Intellekts seien und ihnen abstraktes Verständnis zugeordnet wurde. Dies zeigt, dass aktuelle Verhältnisse nicht unabhängig von historischen, vermeintlich abgeschlossenen Entwicklungen zu verstehen sind und sich daher der Blick auf die Entstehung des Antifeminismus eignet, um zu sehen, welche Inhalte und Diskurse grundlegend für Antifeminismus sind.

Ausgehend von dieser ersten Provokation, gilt es zu beobachten, ob sich weitere rechte AkteurInnen in ähnlicher Weise äußern.

[34] In der Legislaturperiode von 2013-2017 lag der Frauenanteil im Deutschen Bundestag bei 37 Prozent. Nach der Bundestagswahl 2017 sank der Anteil der in den Bundestag gewählten Frauen auf 31 Prozent (Schneider 2017).

So lassen sich bezüglich der **Debatte um weibliche Erwerbsarbeit** einige Parallelen zu gegenwärtigen Argumentationen ausmachen. Im Kaiserreich wurde Frauenerwerbsarbeit aus Angst vor weiblicher „Schmutzkonkurrenz" und einem befürchteten männlichen Statusverlust teilweise harsch abgelehnt. Heute werden Frauen in der Erwerbsarbeit nicht mehr kategorisch zurückgewiesen, aber Steuerungsmaßnahmen wie Frauenquoten, die das Ziel haben, strukturelle Benachteiligungen von Frauen auf dem Arbeitsmarkt zu überwinden, werden von AntifeministInnen oft vehement abgewehrt. Hier wird teilweise das Angstszenario einer verlorenen Männergeneration gezeichnet, die angesichts der Förderung ihrer weiblichen Konkurrenz ins Hintertreffen komme. Dies zeigt, dass der Blick auch in aktuellen (antifeministischen) Diskussionen lediglich auf die Situation und befürchtete Benachteiligung von Männern gerichtet wird. Benachteiligung von Frauen wird von AntifeministInnen hingegen nicht kritisiert bzw. als natürlich, weil historisch gewachsen, bzw. biologisch bedingt oder als gottgewollt legitimiert.

Das Thema **Sexualität und insbesondere deren Normierung** spielen ebenfalls sowohl im Antifeminismus des Kaiserreichs, als auch heute eine wichtige Rolle. So befürchtete der *Agrarierbund* die Verletzung und Verschiebung sexualmoralischer Regeln durch Feministinnen. Beispielsweise sprach man sich gegen eine mögliche gesellschaftliche Aufwertung von unverheirateten Müttern durch die Mutterschutzbewegung aus. Auch wenn sich viele sexualmoralische Normen verändert haben, wird von AntifeministInnen auch heute noch versucht, die Sexualität von Menschen zu normieren. Dies zeigt sich insbesondere am Versuch, Homosexualität zu einer gefährlichen Lebensweise zu stilisieren und grundlegend zu delegitimieren. Von AkteurInnen der Bildungsplanproteste wurde beispielsweise behauptet, dass eine Entstigmatisierung von Homosexualität die Homo-Sexualisierung (von Kindern) zum Ziel hätte. Auch die vom *Agrarierbund* geäußerten Ängste, dass die Frauenbewegung Frauen „entweiblichen" und zu „Zwitterwesen" machen würde, klingen erneut in aktuellen Debatten an. Hier sei auf die geäußerten Befürchtungen verwiesen, dass (de)konstruktivistische Gender-Ansätze zur Auflösung der Geschlechter führen würden und Gender Mainstreaming zum Ziel habe, einen neuen Menschen zu erschaffen.

Damals wie heute sind **Mutterschaft und die heterosexuelle Kleinfamilie** ein wichtiges Thema für AntifeministInnen. So wurde im Kaiserreich als Argument gegen höhere Mädchenbildung vorgebracht, dass diese den körperlichen Reifeprozess unterbinde und Mädchen bzw. Frauen dadurch für die Mutterschaft unbrauchbar machen könnte. Der Bezug zur Mutterschaft wird heute nicht mehr als Argument gegen höhere Frauen- oder Mädchenbildung vorgebracht, findet sich aber in Debatten um weibliche Erwerbsarbeit wieder. So wird von EmanzipationsgegnerInnen noch immer behauptet, dass Mutterschaft und Erwerbsarbeit nicht vereinbar seien bzw. den Kindern schade. Besonders eindrücklich wurde diese Thematik in der Debatte um Eva Hermans Buch *Das Eva-Prinzip* beackert. Von AntifeministInnen wurde argumentiert, weibliche Erwerbsarbeit schade der Kindererziehung und Familien allgemein. Dieses Argument baut auf einem Festschreiben der Frauen auf die Mutterrolle auf und kann so auch als Normierung der weiblichen Sexualität auf die Funktion der Fortpflanzung hin betrachtet werden.

In engem Zusammenhang zum Thema Mutterschaft und der Normierung weiblicher Sexualität steht auch die Beobachtung, dass **Bevölkerungspolitik** sowohl im Antifeminismus des Kaiserreichs als auch in der Gegenwart eine wichtige Rolle spielt. Ein vermeintlicher Bevölkerungsschwund war schon im

Kaiserreich ein wichtiges Mobilisierungspotenzial für AntifeministInnen und begründete Forderungen nach einer „Höherzüchtung“ des deutschen Volkes und der eugenischen Musterung von Frauen vor der Ehe. Auch wenn solche Forderungen heute in dieser Weise nicht mehr vorstellbar sind, beziehen sich einige AntifeministInnen aktuell immer wieder auf eine vermeintlich schrumpfende deutsche Bevölkerung, um feministische Forderungen und Maßnahmen zurückzuweisen. Wie schon im Kaiserreich wird „der Feminismus“ für die sinkende Geburtenrate verantwortlich gemacht. Seitens christlicher FundamentalistInnen wird vor allem auf einer moralischen Ebene gegen Schwangerschaftsabbrüche mobilisiert und diese als Mord oder auch, in Anlehnung an den Holocaust, als Massenmord und „Babycaust“ bezeichnet. Seitens der extremen Rechten wird der demografische Wandel insbesondere auf einer völkisch-rassistischen Ebene diskutiert und gefordert, *weiße*, deutsche Frauen sollten mehr Kinder bekommen.

Es zeigt sich, dass Antifeminismus damals wie heute **eng mit anderen Ungleichheitsideologien verbunden** ist. Insbesondere Rassismus (im Kaiserreich gab es viele Verbindungen zwischen AntifeministInnen und EugenikerInnen, heute äußert er sich in einer Angst vor Überfremdung), Antisemitismus (im Kaiserreich kam er in der Abwehr der parallel stattfindenden Emanzipationsbestrebungen von Jüdinnen und Juden und Frauen zum Ausdruck, heute zeigt er sich an der oft in antisemitischen Codes geäußerten antifeministischen Rhetorik) und Homo- und Transfeindlichkeit sind hier von Bedeutung. Dies lässt sich, wenn man beachtet, dass Antifeminismus auf einem sexistischen Weltbild aufbaut, sozialpsychologisch mit dem Syndrom der gruppenbezogenen Menschenfeindlichkeit erklären (Scheele 2016, 13).[35]

[35] Der Begriff „gruppenbezogene Menschenfeindlichkeit“ wurde von Wilhelm Heitmeyer geprägt. Mit dem Begriff wird ausgedrückt, dass es sich nicht um ein interindividuelles Feindschaftsverhältnis handelt, sondern sich die Feind-

Eine weitere Beobachtung, die sowohl für den Antifeminismus im Kaiserreich als auch aktuell gilt, ist, dass Antifeminismus ein **breites Spektrum** abdeckt und von AkteurInnen verschiedenster Strömungen verbreitet wird. Im Kaiserreich war die GegnerInnenschaft zur Frauenemanzipation jedoch noch deutlich weiter verbreitet und wurde vom Großteil der Bevölkerung geteilt. Shulamit Volkov spricht diesbezüglich auch von einer gesellschaftlichen Norm (Volkov 2001, 78). Aktuell lässt sich Antifeminismus vor allem in Strömungen der bürgerlich Konservativen, der christlichen FundamentalistInnen und der (extremen) Rechten verorten. Dabei kann Antifeminismus als ideologisches Bindeglied der verschiedenen Strömungen dienen. Dies zeigt sich daran, dass beispielsweise bei den Protesten gegen den Bildungsplan in Baden-Württemberg, aber auch bei der Debatte um Gender Mainstreaming und Gender Studies, AkteurInnen aus den verschiedenen Strömungen gegenseitig als SitchwortgeberInnen dienten. Antifeministische Haltungen wurden und werden, je nach Strömung, mit sowohl positivistisch-naturwissenschaftlichen Ansätzen, als auch mit einer göttlichen Ordnung und alltäglichem Geschlechterwissen begründet. Antifeministische Argumentationen erweisen sich hier als sehr flexibel und werden teilweise strömungsübergreifend verwendet. So argumentierten christliche AntifeministInnen im Kaiserreich beispielsweise mit einer „göttlicher Ordnung“, nahmen aber auch Bezug auf naturwissenschaftliche Ansätze.

---

schaft auf eine Gruppe bezieht. Personen, die dieser Gruppe zugeordnet werden, werden als ungleichwertig markiert und sind feindseliger Mentalität, Abwertung und Ausgrenzung ausgesetzt. Unter dem Begriff werden zwölf verschiedene Diskriminierungsformen gefasst. Da die einzelnen Abwertungsideologien untereinander zusammenhängen und gehäuft in Kombination miteinander auftreten, wird auch vom Syndrom der gruppenbezogenen Menschenfeindlichkeit gesprochen (Heitmeyer 2012, 16–17).

Antifeminismus entstand im Kaiserreich zu einer Zeit großer **gesellschaftlicher Veränderungen**, insbesondere der Veränderung der Geschlechterverhältnisse. Dies zeigte sich an der Zunahme weiblicher Erwerbsarbeit, des nun ermöglichten Zugangs für Frauen zu höherer Bildung, der Gründung von Frauenorganisationen und der Forderung und schließlich Durchsetzung politischer Mitbestimmung von Frauen. Gleichzeitig war die Zeit von **wirtschaftlicher Verunsicherung** geprägt. In vielen Bereichen sanken die Reallöhne und es bildeten sich neue Arbeitsfelder heraus, beispielsweise der Dienstleistungssektor. Aufgrund wirtschaftlicher Notwendigkeit mussten viele Frauen, auch aus bürgerlichen Milieus, erwerbstätig werden. Die aktuelle Situation ist dem in mancher Hinsicht ähnlich. Auch heute sind gesellschaftliche Veränderungen hinsichtlich des Geschlechterverhältnisses zu beobachten. Dies zeigt sich an der Öffnung der Ehe für gleichgeschlechtliche Paare und der gesellschaftlichen Zustimmung zu queeren Events wie dem *Christopher Street Day* (CSD). So ist es mittlerweile üblich, dass Oberbürgermeister*innen der jeweils austragenden Städte Grußworte an den CSD senden. Dominique Schirmer spricht diesbezüglich auch von einem Wandel des Mainstream, wobei sie deutlich macht, dass es (noch) unklar ist, ob dieser Wandel lediglich oberflächlich oder doch tiefgreifend stattgefunden hat (Schirmer 2015, 92). Darüber hinaus ist auch die Gegenwart von wirtschaftlicher Unsicherheit geprägt, die durch die Weltwirtschaftskrise seit 2008 und einer neoliberalen Krisenbearbeitung weiter zunahm. Als Schlussfolgerung lässt sich daraus ableiten, dass Antifeminismus in Zeiten wirtschaftlicher und gesellschaftlicher Veränderung, und zumindest individuell wahrgenommener Verunsicherung, erstarkt. Hierzu lässt sich ergänzen, dass dies jedoch nicht nur eine Parallele zwischen der Situation im Kaiserreich und aktuellen Zeiten ist. Denn das Geschlechterverhältnis ist seit jeher von einem steten Wandel geprägt und auch (kapitalistische) Wirtschaftssysteme sind nie starr und frei von Veränderung und Destabilisierung. Antifeminismus lässt sich also als Begleiterscheinung gesellschaftlicher Verhältnisse beschreiben, die sich immer im Wandel befinden. Daraus lässt sich jedoch nicht ableiten, dass Antifeminismus lediglich ein Nebenprodukt einer teleologischen gesellschaftlichen Entwicklung hin zu mehr Emanzipation und Gerechtigkeit ist, denn AntifeministInnen gelang es immer wieder, gesellschaftlichen Einfluss geltend zu machen. Dies zeigt sich exemplarisch daran, dass der Bildungsplanentwurf in Baden-Württemberg im Nachgang der Gegenproteste grundlegend überarbeitet wurde und die Akzeptanz sexueller Vielfalt kein Querschnittsthema mehr ist. Historisch betrachtet wird noch deutlicher, dass sich die (deutsche) Gesellschaft nicht teleologisch zu mehr Gleichberechtigung entwickelt und Antifeminismus lediglich ein Nebeneffekt dieser Entwicklung ist: Nachdem das Kaiserreich und die Weimarer Republik von Emanzipationsbestrebungen gesellschaftlicher Minderheiten und marginalisierter Gruppen geprägt waren, gewannen völkisch-na-tionalistische und nationalsozialistische Kräfte politischen Einfluss, und es folgte die Zeit des Nationalsozialismus, in der Minderheiten und marginalisierte Gruppen einer extremen Verfolgung bis hin zur Ermordung und (versuchten) Vernichtung ausgesetzt waren.

Angesichts einer aktuell zunehmenden gesellschaftlichen Polarisierung (Decker und Brähler 2016, 133) in progressive und konservative bis reaktionäre Lager und mit dem Wissen, dass Gesellschaften nicht nach vorhersagbaren Automatismen ablaufen, ist nicht abzusehen, in welche Richtung sich die Verhältnisse im Deutschland der Gegenwart entwickeln. Aus einer gemeinsamen Betrachtung vergangener und gegenwärtiger Entwicklungen lässt sich dies auch nicht ableiten, jedoch zeigt diese die zeitübergreifende gesellschaftspolitische Relevanz des Phänomens Antifeminismus. Daher scheint es mir notwendig, Antifeminismus nicht (nur) als Teilaspekt verschiedener Strömungen, sondern auch als eigenes Phänomen zu betrachten. Als Hauptcharakteristikum fällt in der Gesamtschau des Antifeminismus, trotz rhetorischer und inhaltlicher Unterschiede, auf, dass die Grundbewegung des Antifeminismus zeit- und strömungsübergreifend die gleiche ist: Antifeminismus kann als Festhalten an vergangenen Geschlechterverhältnissen beschrieben werden und als Versuch, die als idyllisch imaginierte Vergangenheit wieder zu erreichen.

Antifeminismus Definition

Als Ergebnis dieser Studie und aufbauend auf der Analyse der zeitübergreifenden Charakteristika schlage ich folgende Definition von Antifeminismus vor:

1. Antifeminismus ist als Gegenbewegung zu emanzipatorischen Gesellschaftsveränderungen, insbesondere hinsichtlich des Geschlechterverhältnisses (→ Feminismus), zu verstehen. Daher verfolgen viele AntifeministInnen das Ziel, die Geschlechterverhältnisse einer idealisierten Vergangenheit wiederherzustellen.

2. Antifeminismus ist nicht gleichbedeutend mit jeder Form von Sexismus, baut aber auf diesem Strukturverhältnis auf. AkteurInnen, die dem Antifeminismus zuzurechnen sind, wehren jede Verunsicherung eines als binär und natürlich konstruierten Geschlechterverhältnisses ab. Dies geschieht oft, indem (insbesondere *weiße*, möglichst gebildete) Frauen auf die Mutterschaft reduziert werden und ihnen die Aufgabe zugeschrieben wird, einem mutmaßlichen Bevölkerungsschwund durch Mutterschaft entgegenzuwirken.

3. Antifeminismus tritt in verschiedenen politischen Strömungen auf. AntifeministInnen beziehen sich teilweise auf biologistische, teilweise auf religiöse Behauptungen. Oft wird mit einem alltäglichen Geschlechterwissen argumentiert und aus aktuellen Geschlechterverhältnissen deren Natürlichkeit und Ursprünglichkeit abgeleitet.

4. Antifeminismus tritt häufig organisationsförmig auf und wirkt kollektivstiftend. Dies wird zumeist durch eine Opferideologie erreicht, die einen übermächtigen feministischen Feind konstruiert und mit Verschwörungsideologien arbeitet. Dieser Feind wird entweder in einer verdeckt agierenden Elite verortet, oder ganz mit der Regierung identifiziert, was sich in einem rhetorischen Antietatismus ausdrücken kann. Oft äußert sich Antifeminismus in antisemitischen Codes.

5. Antifeminismus hängt eng mit anderen Ungleichheitsideologien wie Rassismus, Homo- und Transfeindlichkeit und Antisemitismus zusammen. Daher erstarkt Antifeminismus auch in Zeiten, in denen diese Ungleichheitsideologien ebenfalls Konjunktur haben. Dies ist insbesondere in Zeiten gesellschaftlicher und ökonomischer Veränderungen und Verunsicherung der Fall.

6. Antifeminismus gelingt es, gesellschaftliche Diskurse zu beeinflussen und antifeministische Aussagen (wieder) salonfähig zu machen.

Leerstellen der bisherigen Forschung

Die in dieser Studie durchgeführten Recherchen und Verdichtungen dienten insbesondere der Systematisierung eines bisher recht unstrukturierten Forschungsfeldes. Dabei war es unvermeidlich, dass sich weitere Perspektiven auf den Bereich ergeben würden. Als weiteres Ergebnis meiner Analyse halte ich daher fest, dass die Forschungsliteratur noch Leerstellen aufweist, deren Weiterbearbeitung sich lohnen dürfte.

So sollte neben christlichem Antifeminismus, der in der Forschungsliteratur bereits analysiert wurde, weiterer konfessioneller Antifeminismus dahingehend untersucht werden, ob und inwiefern VertreterInnen beispielsweise konservativer bis reaktionärer muslimischer Gemeinden dem Spektrum des Antifeminismus zuzuordnen sind. Dies gilt insbesondere angesichts der Tatsache, dass in Deutschland neben dem Christentum weitere Religionsgemeinschaften weit verbreitet sind und es notwendig ist, diese auch als Teil der deutschen Gesellschaft zu betrachten. Einen ersten Versuch diesbezüglich machten einige Autor*innen in dem Sammelband *Freiheit ist keine Metapher*. Sie übten innerfeministische Kritik an queerfeministischen Akteur*innen, die beispielsweise den Hijab als feministisches und progressives Symbol verklären bzw. richteten ihren Blick auf islamisch geprägte oder strukturierte Länder (Vukadinović 2018).

Darüber hinaus gilt es zu beachten, dass die Feindschaft gegenüber feministischen Maßnahmen und Forderungen zwischen 1945 und 1990 kaum unter dem Begriff Antifeminismus analysiert wurde. Daher scheint es mir einerseits notwendig, zu recherchieren, ob es bereits Forschung zu Feindschaft gegenüber Feminismus gibt, die einen anderen Begriff als Antifeminismus nutzt. Diese Forschung müsste dahingehend untersucht werden, ob sich ihre Ergebnisse mit der hier erarbeiteten Definition von Antifeminismus decken. In einem weiteren Schritt wäre es notwendig, antifeministische Äußerungen zwischen 1945 und 1990, beispielsweise von Parteien oder auch in Zeitungen, die seitens der Forschung noch nicht untersucht wurden, zu sammeln und qualitativ zu analysieren. Anschließend müssten diese Erkenntnisse wiederum mit der hier vorgeschlagenen Definition abgeglichen und diese Definition müsste um die neuen Erkenntnisse erweitert werden. In weiteren Forschungen sollte die Frage geklärt werden, ob sich Erkenntnisse zu antifeministischen Entwicklungen in Deutschland auch auf andere Länder übertragen lassen. Hier gilt es zu beachten, dass Antifeminismus in Deutschland eng mit einer völkischen Ideologie zusammenhängt, was die Übertragbarkeit der Ergebnisse einschränken könnte.

Schlussfolgerungen für feministische Bewegungen

Da man Feminismus und Antifeminismus als zwei gegenläufige und zugleich aufeinander bezogene Bewegungen begreifen kann – beide streben die Veränderung des Geschlechterverhältnisses auf gegensätzliche Weise an –, ist es aus feministischer Perspektive von Interesse, sich mit folgenden Fragen zu beschäftigen: Ist das Erstarken des Antifeminismus auf eine Schwäche des Feminismus zurückzuführen und welche Schlussfolgerungen ergeben sich aus der Analyse des Antifeminismus für Feminist*innen?

Aufbauend auf dem Ergebnis dieser Studie, dass neoliberale Ansätze sowohl als eine Variante als auch ein Grund für die Entstehung des Antifeminismus betrachtet werden können, halte ich Nancy Frasers Kritik an der „gefährlichen Liaison" (Fraser 2013, 29) zwischen Neoliberalismus und Feminismus für lohnend, um dieser Frage nachzugehen. Fraser analysiert, dass die Zweite Frauenbewegung unter anderem als Kritik an zentralen Institutionen des Nachkriegskapitalismus entstand, Teile der jüngeren Frauenbewegung aber vielmehr zur „Handlangerin des neuen Kapitalismus" (Fraser 2013, 29) geworden seien. Dies zeige sich daran, dass von Feminist*innen oft weder grundlegende Kapitalismuskritik (mehr) geübt, noch soziale Solidarität (mehr) angestrebt werde. Vielmehr werde weibliches Unternehmertum als feministischer Erfolg gefeiert (Fraser 2013, 29). Feministische Kritik am männlichen Familienernährer sei mittlerweile im Ideal eines flexiblen Kapitalismus aufgegangen:

> „Er [der flexible Kapitalismus, Anm. d. Verf.] beruft sich auf die feministische Kritik des Familienernährer-Haushalts, um Aus-

beutung zu rechtfertigen, und spannt so den Traum der Frauenemanzipation vor den Wagen der Kapitalismuskritik." (Fraser 2013, 30).

Auch feministische Kritik an einer einseitigen Fokussierung auf klassenbedingte Ungleichheit, die „nichtökonomische Ungerechtigkeiten wie häusliche Gewalt, sexuelle Nötigung und im Zusammenhang mit der Reproduktionsarbeit stehende Unterdrückung von Frauen gar nicht in den Blick bekam" (Fraser 2013, 30), sei vom Neoliberalismus vereinnahmt worden. Denn diese Kritik habe zu einer „identitätspolitischen Wende"[36] des Feminismus geführt, die anschlussfähig an neoliberale Bestrebungen ist, denen es vor allem darum gehe, „den Gedanken der sozialen Gleichberechtigung aus dem öffentlichen Gedächtnis zu tilgen." (Fraser 2013, 31). Diese Wesensverwandtschaft von identitätspolitischem Feminismus und Neoliberalismus nennt Fraser auch „progressiven Neoliberalismus" (Fraser 2017, 71). Die Frage, ob der Erfolg antifeministischer bzw. rechter AkteurInnen eine Folge von Schwäche feministischer bzw. linker Kritik ist, beantwortet sie deutlich mit „Ja". Sie argumentiert, dass sich viele Personen von diesem progressiven Neoliberalismus abgehängt und als kulturell rückständig abgestempelt fühlen. Dies habe in den USA den Wahlerfolg Donald Trumps, eines ausgemachten Antifeministen, begünstigt (Fraser 2017, 73). Ausgehend von dieser Kritik fordert Fraser neue linke/feministische Ansätze, die „nicht die Diversifizierung der kapitalistischen Hierarchie, sondern ihre Abschaffung" (Fraser 2017, 75-76) zum Ziel haben. Damit Menschen sich von feministischen Bewegungen nicht abgehängt fühlen, sei es wichtig, „den Traum von der Frauenbefreiung erneut mit der Vision einer Solidargemeinschaft zu verbinden." (Fraser 2013, 31).

---

[36] Hierunter versteht Fraser die einseitige Fokussierung auf kulturell-basierten Sexismus, der jedoch kapitalistische Ausbeutungsverhältnisse nicht (mehr) in den Blick nimmt (Fraser 2013, 31).

In Deutschland hat sich in jüngster Zeit ein theoretisch-praktischer Ansatz herausgebildet, der in gewisser Weise diese Forderung Frasers aufgreift und zeigt, dass, wie von Birgit Rommelspacher beschrieben (2011, 48), wirtschaftliche Prekarisierungserfahrungen zu einer gesteigerten Solidarität führen können. So entwickelte sich, ausgehend von der Analyse, dass das (in Deutschland) steigende Wirtschaftswachstum nicht mit einer Erhöhung der gesamtgesellschaftlichen Lebensqualität, sondern mit einer zunehmend ungleichen Verteilung und gesellschaftlicher Polarisierung einherging (Winker 2015, 9–10), das Care-Revolution-Netzwerk[37]. Care Revolution verfolgt „eine politische Transformationsstrategie, die anknüpfend an die Erkenntnisse feministischer Politik die grundlegende Bedeutung der Sorgearbeit ins Zentrum stellt und darauf abzielt, das gesellschaftliche Zusammenleben ausgehend von menschlichen Bedürfnissen zu gestalten." (Winker 2015, 143). Um dies zu erreichen, schlossen sich ausgehend von einer ersten Aktionskonferenz und organisiert vom *Feministischen Institut Hamburg*, im März 2014 über 70 Kooperationspartner*innen zu einem Netzwerk zusammen. Im Netzwerk sind sowohl gewerkschaftliche als auch konfessionelle und antifaschistische Gruppen vertreten (Care Revolution Netzwerk o. J.). Das Netzwerk agiert bundesweit und ist in verschiedene Regionalgruppen organisiert, die die gleichen Ziele teilen und regionalspezifische Schwerpunkte behandeln (Care Revolution Netzwerk o. J.). Die Netzwerkpartner*innen stellen sich gegen eine neoliberale Verwertungslogik und sind sich einig, dass jeder Mensch das Recht auf ein erfülltes, gutes Leben haben sollte (Winker 2015, 12). Ihr Ziel ist es, die Würde und Bedürfnisse der (an der Care-Situation beteiligten) Menschen ins

[37] Der Begriff Care-Arbeit dient dazu, die Inhalte der Arbeit in den Blick zu nehmen und bezeichnet Sorgetätigkeiten wie erziehen, pflegen, betreuen, lehren und beraten. Unter den Begriff der Care-Arbeit fällt sowohl die unbezahlte Arbeit in Familien, Vereinen und Initiativen, als auch Erwerbsarbeit, die im Bereich der Pflege- und Sorgearbeit stattfindet (Winker 2015, 17).

Zentrum zu stellen (Winker 2015, 132). Sie verfolgen den Ansatz, Solidarität zwischen den Care-Geber*innen und Care-Nehmer*innen herzustellen und diese nicht gegeneinander auszuspielen (Winker 2015, 149), wie es teilweise in Diskussionen um Streiks im Pflege- und Sorgearbeitssektor geschieht.

Das Care Revolution Netzwerk ist ein Beispiel für feministische Kritik und Praxis, die soziale Prekarisierungserfahrungen aufgreift, die Bedürfnisse der Menschen in den Mittelpunkt stellt und kapitalistische Verhältnisse kritisiert. Der Care Revolution-Ansatz ist dabei bestrebt, die von Fraser kritisierte Liaison zwischen Neoliberalismus und Feminismus aufzubrechen. Somit kann das Netzwerk als feministischer Gegenentwurf zu einer antifeministischen „reaktionären Form der Krisenbearbeitung" (Ganz 2015) betrachtet werden. Darüber hinaus fand in vielen Städten Deutschlands im März 2019 das erste Mal seit 1994 am Internationalen Frauen*kampftag wieder ein feministischer Frauen*streik statt, mit dem Ziel, gegen kapitalistische und sexistische Ausbeutungsverhältnisse aufzubegehren und eine solidarische und feministische Gesellschaft anzustreben. Diese beiden Beispiele machen deutlich, dass auch in Zeiten der wirtschaftlichen und sozialen Verunsicherung eine antifeministische Sündenbock-Rhetorik keinen gesellschaftlichen Automatismus darstellt und noch immer feministische und antikapitalistische Bündnisse möglich sind.

Literaturverzeichnis

Adorno, Theodor W. 1976. *Studien zum autoritären Charakter*. 2. Auflage, Suhrkamp-Taschenbuch 107. Frankfurt a.M: Suhrkamp.

Adorno, Theodor W., und Max Horkheimer. 2011. *Dialektik der Aufklärung. Philosophische Fragmente*. Frankfurt am Main: S. Fischer.

„AfD: Alternative für Antifeministen". 2014. *EMMA*, März.

Auer, Katrin. 2002. „‚Political Correctness' - ideologischer Code, Feindbild und Stigmawort der Rechten". *Österreichische Zeitschrift für Politikwissenschaft* 31 (3): 291–303.

Beaufaÿs, Sandra, Anita Engels, und Heike Kahlert, Hrsg. 2012. *Einfach Spitze?: neue Geschlechterperspektiven auf Karrieren in der Wissenschaft*. Frankfurt: Campus Verlag.

Behrens, Michael, und Robert von Rimscha. 1995. *„Politische Korrektheit" in Deutschland : eine Gefahr für die Demokratie*. Bonn: Bouvier.

Benz, Wolfgang. 2007. *Die Protokolle der Weisen von Zion. Die Legende von der jüdischen Weltverschwörung*. München: C.H. Beck.

———. 2008. *Was ist Antisemitismus?* Lizenzausgabe, Schriftenreihe / Bundeszentrale für Politische Bildung 455. Bonn: Bundeszentrale für Politische Bildung.

Berliner Morgenpost. 2018. „Messerattacken in Nürnberg - Haftantrag wegen Mordes gestellt". 20. Dezember 2018. https://www.morgenpost.de/vermischtes/article216012945/Messerattacken-in-Nuernberg-Haftantrag-wegen-Mordes-gestellt.html.

Billmann, Lucie. 2015. „Einleitung". In *Unheilige Allianz. Das Geflecht von christlichen Fundamentalisten und politisch Rechten am Beispiel des Widerstands gegen den Bildungsplan in Baden-Württemberg*, herausgegeben von Lucie Billmann, 3–5. Stuttgart: Rosa Luxemburg Stiftung. https://www.rosalux.de/publikation/id/3984/unheilige-allianz/.

Bitzan, Renate. 2011. „Reinrassige Mutterschaft versus nationaler Feminismus – Weiblichkeitskonstruktionen in Publikationen extrem rechter Frauen“. In *Rechtsextremismus und Gender*, herausgegeben von Ursula Birsl, 115–29. Opladen.

Bock, Gisela. 2000. *Frauen in der europäischen Geschichte: vom Mittelalter bis zur Gegenwart*. Europa bauen. München: Beck.

Born, Carolin. 2018. „Antifeminismus: Zurück ins Kaiserreich“. Respect Words. *Radio Dreyeckland*. https://rdl.de/beitrag/antifeminismus-zur-ck-ins-kaiserreich.

Bourdieu, Pierre. 2005. *Die männliche Herrschaft*. Übersetzt von Jürgen Bolder. 1. Aufl., [Nachdr.]. Frankfurt am Main: Suhrkamp.

Bożena, Choluj. 2015. „»Gender-Ideologie« – ein Schlüsselbegriff des polnischen Anti-Genderismus“. In *Anti-Genderismus: Sexualität und Geschlecht als Schauplätze aktueller politischer Auseinandersetzungen*, herausgegeben von Sabine Hark und Paula-Irene Villa, 219–38. Gender studies. Bielefeld: Transcript.

Bundesministerium für Familie, Senioren, Frauen und Jugend. 2017. „Quote für mehr Frauen in Führungspositionen: Privatwirtschaft“. 5. Mai 2017. https://www.bmfsfj.de/bmfsfj/themen/gleichstellung/frauen-und-arbeitswelt/quote-fuer-mehr-frauen-in-fuehrungspositionen-privatwirtschaft/78562.

Buschmann, Ronja, Enrico Glaser, Heike Radvan, Simone Rafael, Jan Riebe und Rachel Spicker. 2017. *Peggy war da! Gender und Social Media als Kitt rechtspopulistischer Bewegungen*. Herausgegeben von Amadeu Antonio Stiftung. Berlin.

Butterwegge, Christoph. 2008. „Marktradikalismus und Rechtsextremismus“. In *Neoliberalismus: Analysen und Alternativen*, herausgegeben von Christoph Butterwegge, Bettina Lösch, und Ralf Ptak, 1. Aufl, 203–23. Wiesbaden: VS Verlag für Sozialwissenschaften.

Care Revolution Netzwerk. o. J. „Kooperationspartner_innen – Care Revolution“. Zugegriffen 28. November 2017a. https://care-revolution.org/gruppen/.

———. o. J. „Regionale Vernetzungen – Care Revolution“. Zugegriffen 28. November 2017b. https://care-revolution.org/regionale-vernetzungen/.

Claus, Robert. 2014. *Maskulismus. Antifeminismus zwischen vermeintlicher Salonfähigkeit und unverhohlenem Frauenhass*. Herausgegeben von Friedrich-Ebert-Stiftung. Berlin: Friedrich-Ebert-Stiftung.

Clute-Simon, Arved, und Veronika Kracher. 2018. „Antifeministische Online-Community: Todeszone Mann - taz.de“. 1. Mai 2018. http://www.taz.de/!5499524/.

Connell, Raewyn. 2015. *Der gemachte Mann: Konstruktion und Krise von Männlichkeiten.* 4. durchgesehene und erweiterte Auflage. Geschlecht und Gesellschaft, Band 8. Wiesbaden: Springer VS.

Culina, Kevin. 2018. „Verschwörungsdenken, Antifeminismus, Antisemitismus. Die Zeitschrift Compact als antifeministisches Diskursorgan“. In *Antifeminismus in Bewegung. Aktuelle Debatten um Geschlecht und sexuelle Vielfalt*, herausgegeben von Juliane Lang und Ulrich Peters, 91–116. Hamburg: Marta Press.

Decker, Oliver, und Elmar Brähler. 2016. „Ein Jahrzehnt der Politisierung: Gesellschaftliche Polarisierung und gewaltvolle Radikalisierung in Deutschland zwischen 2006 und 2016“. In *Die enthemmte Mitte: autoritäre und rechtsextreme Einstellung in Deutschland: die Leipziger „Mitte“-Studie 2016*, herausgegeben von Oliver Decker, Johannes Kiess, und Elmar Brähler, 2. Auflage, 95–136. Reihe „Forschung psychosozial“. Giessen: Psychosozial-Verlag.

Degele, Nina. 2003. „Happy together: Soziologie und Gender Studies als paradigmatische Verunsicherungswissenschaften“. *Happy together: Soziologie und Gender Studies als paradigmatische Verunsicherungswissenschaften*.

Detjen, Marion. 2015. „Warum Gender Studies?“ *Die Zeit*, 7. August 2015, Abschn. Kultur. https://www.zeit.de/kultur/2015-08/gender-studies-mangelnde-solidaritaet-geisteswissenschaften-10nach8/komplettansicht.

Ehrenhauser, Astrid. 2016. „‚Pick-up-Art‘ an der Uni Frankfurt: ‚Dating-Coach‘ streitet mit AStA“. *Die Tageszeitung: taz*, 19. Januar 2016, Abschn. Gesellschaft. https://www.taz.de/!5269088/.

Fedders, Jonas. 2018. „‚Die Rockefellers und Rothschilds haben den Feminismus erfunden.‘ Einige Anmerkungen zum Verhältnis von Antifeminismus und Antisemitismus“. In *Antifeminismus in Bewegung. Aktuelle Debatten um Geschlecht und sexuelle Vielfalt*, herausgegeben von Juliane Lang und Ulrich Peters, 213–32. Hamburg: Marta Press.

Feministisch-antifaschistischer Arbeitskreis Berlin. 2017. „Antifeministische Verschwörungsideologien". *Antifaschistisches Infoblatt* 114 (1/2017). https://www.antifainfoblatt.de/artikel/antifeministische-verschwoerungsideologien.

Frank, Karsta. 1996. „Political Correctness. Ein Stigmawort". In *Wörter in der Politik: Analysen zur Lexemverwendung in der politischen Kommunikation*, herausgegeben von Hans-Joachim Diekmannshenke und Josef Klein, 185–218. Opladen: Westdeutscher Verlag.

Fraser, Nancy. 2013. „Neoliberalismus und Feminismus : eine gefährliche Liaison". *Blätter für deutsche und internationale Politik* 58 (12): 29–31.

———. 2017. „Für eine neue Linke oder: Das Ende des progressiven Neoliberalismus". *Blätter für deutsche und internationale Politik* 2: 71–76.

Frey, Regina. 2013. *Gender, Wissenschaftlichkeit und Ideologie: Argumente im Streit um Geschlechterverhältnisse*. Berlin: Heinrich-Böll-Stiftung. https://katalog.ub.uni-freiburg.de/link?id=402398343.

———. 2014. „Von Mythen und Vermischungen – Zur Konstruktion des «Genderismus»". In *Gender, Wissenschaftlichkeit und Ideologie: Argumente im Streit um Geschlechterverhältnisse*, herausgegeben von Heinrich Böll Stiftung, 2., aktualisierte Aufl, 28–39. Schriften des Gunda-Werner-Instituts 9. Berlin: Heinrich-Böll-Stiftung.

Frey, Regina, Marc Gärtner, Manfred Köhnen, und Sebastian Scheele. 2014. „Einleitung zur zweiten Auflage". In *Gender, Wissenschaftlichkeit und Ideologie: Argumente im Streit um Geschlechterverhältnisse*, herausgegeben von Regina Frey, 2., aktualisierte Auflage, 9–27. Schriften des Gunda-Werner-Instituts 9. Berlin: Heinrich-Böll-Stiftung.

Ganz, Kathrin. 2015. „PEGIDA gegen den Gender-Wahn: Rechte Mobilisierung und die Krise sozialer Reproduktion – feministische Studien". feministische-studien-de. 3. Februar 2015. http://blog.feministische-studien.de/2015/02/pegida-gegen-den-gender-wahn-rechte-mobilisierung-und-die-krise-sozialer-reproduktion/.

Ganz, Kathrin, und Anna-Katharina Meßmer. 2015. „Anti-Genderismus im Internet. Digitale Öffentlichkeiten als Labor eines neuen Kulturkampfs". In *Anti-Genderismus: Sexualität und*

Geschlecht als Schauplätze aktueller politischer Auseinandersetzungen, herausgegeben von Sabine Hark und Paula-Irene Villa, 59–79. Gender studies. Bielefeld: Transcript.

Geisler, Astrid, Karsten Polke-Majewski, und Tilman Steffen. 2017. „AfD und Identitäre Bewegung: Abgrenzen? Von wegen". *Die Zeit*, 16. Juni 2017, Abschn. Politik. https://www.zeit.de/politik/deutschland/2017-06/afd-identitaere-bewegung-unvereinbarkeitsbeschluss-funktionaere/komplettansicht.

Gensing, Patrick. 2019. „AfD-Neujahrsgruß: Was bedeutet ‚Volksgemeinschaft'?" tagesschau.de. 2. Januar 2019. http://faktenfinder.tagesschau.de/inland/volksgemeinschaft-101.html.

„Geschichte des Antifeminismus". o. J. In *Diskursatlas Antifeminismus*. http://www.diskursatlas.de/index.php?title=Antifeminismus#Geschichte_des_Antifeminismus.

Gesterkamp, Thomas. 2010. *Geschlechterkampf von rechts : wie Männerrechtler und Familienfundamentalisten sich gegen das Feindbild Feminismus radikalisieren; Expertise der Friedrich-Ebert-Stiftung*. Bonn: Friedrich-Ebert-Stiftung, Abt. Wirtschafts- u. Sozialpolitik.

Goetz, Judith. 2018a. „‚Aber wir haben die wahre Natur der Geschlechter erkannt...'. Geschlechterpolitiken, Antifeminismus und Homofeindlichkeit im Denken der ‚Identitären'". In *Untergangster des Abendlandes: Ideologie und Rezeption der rechtsextremen „Identitären"*, herausgegeben von Judith Goetz, Joseph Maria Sedlacek, und Alexander Winkler, 2., leicht korrigierte Auflage, 253–84. Substanz. Hamburg: Marta Press.

———. 2018b. „‚Vergemeinschaftung durch das Abverlangen von Standhalten und Beherrschung.' Männerbund, Mensur und Antifeminismus bei deutschnationalen Burschenschaften". In *Antifeminismus in Bewegung. Aktuelle Debatten um Geschlecht und sexuelle Vielfalt*, herausgegeben von Juliane Lang und Ulrich Peters, 189–212. Hamburg: Marta Press.

Hark, Sabine, und Paula-Irene Villa, Hrsg. 2015a. „‚Anti-Genderismus' – Warum dieses Buch?" In *Anti-Genderismus: Sexualität und Geschlecht als Schauplätze aktueller politischer Auseinandersetzungen*, 7–15. Gender studies. Bielefeld: Transcript.

———. 2015b. „Eine Frage an und für unsere Zeit. Verstörende Gender-Studies und symptomatische Missverständnisse“. In *Anti-Genderismus: Sexualität und Geschlecht als Schauplätze aktueller politischer Auseinandersetzungen*, herausgegeben von Sabine Hark und Paula-Irene Villa, 15–41. Gender studies. Bielefeld: Transcript.

Helberg, Christina. 2018. „Diese Abgeordneten stimmten 1997 gegen die Strafbarkeit von Vergewaltigung in der Ehe - correctiv.org“. correctiv.org. 14. November 2018. https://correctiv.org/faktencheck/politik/2018/11/14/diese-abgeordneten-stimmten-1997-gegen-die-strafbarkeit-von-vergewaltigung-in-der-ehe.

Hering, Rainer. 2003. „‚Es ist verkehrt, Ungleichen Gleichheit zu geben‘ Der Alldeutsche Verband und das Frauenwahlrecht“. Herausgegeben von Claudia Bruns. *Ariadne* 43 (80): 22–29.

Herman, Eva. 2013. „Ein Einfallstor für Pädophile?“ In *Compact*, Nr. 11, 2013 (November).

Jaecker, Tobias. 2014. *Hass, Neid, Wahn: Antiamerikanismus in den deutschen Medien*. Frankfurt am Main: Campus.

Jentsch, Ulli, und Eike Sanders. 2010. „‚Deutschland treibt sich ab‘ – Christlicher Antifeminismus und ‚Lebensschutz‘-Organisationen in Berlin“. In *Berliner Zustände 2010 Ein Schattenbericht über Rechtsextremismus, Rassismus und Antifeminismus*, herausgegeben von antifaschistisches pressearchiv und bildungszentrum berlin e.v. APABIZ und Mobile Beratung gegen Rechtsextremismus Berlin, 38–46. Berlin.

Kaltenbrunner, Gerd-Klaus. 1976. „Vorwort des Herausgebers“. In *Was ist reaktionär? zur Dialektik von Fortschritt und Rückschritt*, herausgegeben von Gerd-Klaus Kaltenbrunner, Originalausgabe, 7–16. Herderbücherei : Initiative ; 14. München: Herder.

Kämpf, Katrin M. 2015. „Eine Büchse der Pandora? Die Anrufung der Kategorie Pädophilie in aktuellen antifeministischen und antiqueeren Krisen-Diskursen“. In *Anti-Genderismus: Sexualität und Geschlecht als Schauplätze aktueller politischer Auseinandersetzungen*, herausgegeben von Sabine Hark und Paula-Irene Villa, 109–27. Gender studies. Bielefeld: Transcript.

„Kein Bildungsplan 2015 unter der Ideologie des Regenbogens". 2014. *Petition zum Bildungsplan 2015* (blog). 9. Januar 2014. http://www.bildungsplan2015.de/petition/.

„Kein Karnevalsscherz: Dieser Mann fordert ein Recht auf Vergewaltigung". 2016. BRIGITTE. 4. Februar 2016. https://www.brigitte.de/aktuell/buzz/-make-rape-legal---kein-karnevalsscherz--dieser-mann-fordert-ein-recht-auf-vergewaltigung-10014212.html.

Kemper, Andreas. 2016. „Antiemanzipatorische Netzwerke und die Geschlechter- und Familienpolitik der Alternative für Deutschland." In *Die Alternative für Deutschland: Programmatik, Entwicklung und politische Verortung*, herausgegeben von Alexander Häusler, 81–97. Wiesbaden: Springer VS.

Kiepels, Sandra. 2013. *Antifeminismus im Zeitungsdiskurs von 1980 - 2013: Untersuchung und Vergleich der antifeministischen Diskursstrategien in den Zeitungsdebatten über den „Backlash", „Political Correctness", „Gender Mainstreaming" und die Frauenquote*. Hamburg: Diplomica-Verlag.

Kimmich, Dorothee. 2016. „Rassismusdefinitionen". In *Was ist Rassismus? kritische Texte*, herausgegeben von Dorothee Kimmich, Stefanie Lavorano, und Franziska Bergmann. Reclams Universal-Bibliothek, Nr. 19220. Stuttgart: Reclam.

Klaus, Elisabeth. 2008. „Antifeminismus und Elitefeminismus - Eine Intervention". *Feministische Studien*, Nr. 02: 176–86.

Klaus, Elisabeth, und Margreth Lüneborg. 2013. „Zwischen (Post-)Feminismus und Antifeminismus: Reflexionen zu gegenwärtigen Geschlechterdiskursen in den Medien". *Gender : Zeitschrift für Geschlecht, Kultur und Gesellschaft* 5.2013: 78–93.

Köhnen, Manfred. 2014. „Der Unwissenschaftlichkeitsvorwurf – Zum Alleinvertretungsanspruch eines speziellen Wissenschaftsverständnisses". In: *Gender, Wissenschaftlichkeit und Ideologie: Argumente im Streit um Geschlechterverhältnisse*, herausgegeben von Heinrich Böll Stiftung, 2., aktualisierte Auflage, 51–64. Schriften des Gunda-Werner-Instituts 9. Berlin: Heinrich-Böll-Stiftung.

Kraemer, Klaus, und Frederic Speidel. 2005. „Prekarisierung von Erwerbsarbeit - Zur Transformation des arbeitsweltlichen Integrationsmodus". In: *Integrationspotenziale einer modernen*

Gesellschaft, herausgegeben von Wilhelm Heitmeyer und Peter Imbusch, 1. Aufl, 367–90. Analysen zu gesellschaftlicher Integration und Desintegration. Wiesbaden: VS Verlag für Sozialwissenschaften.

Kurth, Alexandra. 2004. *Männer, Bünde, Rituale: Studentenverbindungen seit 1800*. Campus Forschung, Bd. 878. Frankfurt/Main ; New York: Campus.

Lang, Juliane. 2014. „Antifeminismus in Bewegung. Extrem rechte Geschlechterpolitiken und ihre Anschlussfähigkeiten". *LOTTA*, Nr. 57 (November).

———. 2015. „Familie und Vaterland in der Krise. Der extrem rechte Diskurs um Gender". In *Anti-Genderismus: Sexualität und Geschlecht als Schauplätze aktueller politischer Auseinandersetzungen*, herausgegeben von Paula-Irene Villa und Sabine Hark, 167–81. Gender studies. Bielefeld: Transcript.

Lang, Juliane, und Ulrich Peters. 2014. „Gegen jeden Genderismus. Familienpopulismus erhält neuen Aufwind". *Antifaschistisches Infoblatt* 104 (3.2014). https://www.antifainfoblatt.de/artikel/antifeministische-allianzen.

———. 2018. „Antifeminismus in Deutschland. Einführung und Einordnung des Phänomens". In *Antifeminismus in Bewegung. Aktuelle Debatten um Geschlecht und sexuelle Vielfalt*, 13–36. Hamburg: Marta Press.

Laumann, Vivien, und Katharina Debus. 2018. „‚Frühsexualisierung' und ‚Umerziehung'? Pädagogisches Handeln in Zeiten antifeministischer Organisierung und Stimmungsmache". In: *Antifeminismus in Bewegung. Aktuelle Debatten um Geschlecht und sexuelle Vielfalt*, herausgegeben von Juliane Lang und Ulrich Peters, 275–302. Hamburg: Marta Press.

Lehnert, Esther. 2011. „‚Angriff auf Gender Mainstreaming und Homo-Lobby' - der moderne Rechtsextremismus und seine nationalsozialistischen Bezüge am Beispiel der Geschlechterordnung". In *„Was ein rechter Mann ist...": Männlichkeiten im Rechtsextremismus*, herausgegeben von Robert Claus, Esther Lehnert, und Yves Müller, 2. Auflage, 89–99. Texte / Rosa-Luxemburg-Stiftung 68. Berlin: Karl Dietz Verlag.

Lenz, Ilse. 2013. „Geschlechterkonflikte um die Geschlechterordnung im Übergang zum neuen Antifeminismus". In *Gesellschaft: feministische Krisendiagnosen*, herausgegeben von Erna Appelt, Brigitte Aulenbacher, und Angelika Wetterer, 1. Auflage, 204–26. Forum Frauen- und Geschlechterforschung, Band 37. Münster: Westfälisches Dampfboot.

Lessenich, Stephan. 2012. „Von der Krise zur Transformation des Wohlfahrtsstaates? Ein Diskussionsanreiz in dreizehn Zehnzeilern". gehalten auf der Tagung des SFB 580 „Gesellschaftliche Entwicklungen nach dem Systemumbruch" und des Kollegs „Postwachstumsgesellschaften", Jena.

Maihofer, Andrea, und Franziska Schutzbach. 2015. „Vom Antifeminismus zum ‚Anti-Genderismus'. Eine zeitdiagnostische Betrachtung am Beispiel Schweiz". In *Anti-Genderismus: Sexualität und Geschlecht als Schauplätze aktueller politischer Auseinandersetzungen*, herausgegeben von Sabine Hark und Paula-Irene Villa, 201–19. Gender studies. Bielefeld: Transcript.

McRobbie, Angela. 2009. *The aftermath of feminism: gender, culture and social change*. Los Angeles ; London: SAGE.

Meuser, Michael, und Ursula Müller. 2015. „Männlichkeiten in Gesellschaft. Zum Geleit". In: *Der gemachte Mann: Konstruktion und Krise von Männlichkeiten*, herausgegeben von Raewyn Connell, 4. durchgesehene und erweiterte Auflage. Geschlecht und Gesellschaft, Band 8. Wiesbaden: Springer VS.

Möller, Simon. 1999. *Sexual correctness: die Modernisierung antifeministischer Debatten in den Medien*. Geschlecht und Gesellschaft, Bd. 19. Opladen: Leske + Budrich.

Motakef, Mona, Julia Teschlade, und Christine Wimbauer. 2015. „Prekäre Selbstverständlichkeiten. Neun prekarisierungstheoretische Thesen zu Diskursen gegen Gleichstellungspolitik und Geschlechterforschung". In: *Anti-Genderismus: Sexualität und Geschlecht als Schauplätze aktueller politischer Auseinandersetzungen*, herausgegeben von Sabine Hark und Paula-Irene Villa, 41–59. Gender studies. Bielefeld: Transcript.

Müller, Yves. 2011. „Gegen Feminismus und ‚Dekadenz' - die Neue Rechte in der Krise". In: *„Was ein rechter Mann ist...": Männlichkeiten im Rechtsextremismus*, herausgegeben von Robert Claus, Esther Lehnert, und Yves Müller, 2. Auflage, 67–87. Texte / Rosa-Luxemburg-Stiftung 68. Berlin: Karl Dietz Verlag.

o. N. 2018. Ungarn schafft Geschlechterforschung ab: Gender Studies von Unis verbannt, Taz.de. https://www.taz.de/!5543755/.

Oestreich, Heide. 2014. „Seminar von Pick-up Artists in Berlin: Rumkriegen mit allen Mitteln“. *Die Tageszeitung: taz,* 13. November 2014, Abschn. Gesellschaft. https://www.taz.de/!5028851/.

PEGIDA. o. J. „Dresdner Thesen“.

Planert, Ute. 1998. *Antifeminismus im Kaiserreich: Diskurs, soziale Formation und politische Mentalität*. Kritische Studien zur Geschichtswissenschaft 124. Göttingen: Vandenhoeck & Ruprecht.

Puschner, Uwe, und G. Ulrich Grossmann. 2009. „Vorwort“. In: *Völkisch und national: zur Aktualität alter Denkmuster im 21. Jahrhundert*, herausgegeben von Uwe Puschner und G. Ulrich Grossmann, 9–14. Darmstadt: WBG, Wissenschaftliche Buchgesellschaft.

Queer-Lexikon. o. J. „Queer“. In: *Queer-Lexikon*. http://queer-lexikon.net/doku.php?id=queer:queer#fnt__1.

Raggam-Blesch, Michaela. 2003. „Der ‚Fehlende Ort‘ Frauenbewegte Jüdinnen zwischen Antisemitismus und Antifeminismus im Wien der Jahrhundertwende“. Herausgegeben von Claudia Bruns. *Ariadne* 43 (80): 14–21.

Rosenbrock, Hinrichs. 2012a. „Die Hauptideologien der Männerrechtsbewegung: Antifeminismus und männliche Opferideologie“. In: *Die Maskulisten. Organisierter Antifeminismus im deutschsprachigen Raum*, herausgegeben von Andreas Kemper, 58–78. München: UNRAST-Verlag.

———. 2012b. „Hate Speech. Hass als Emotion und Strategie“. In: *Die Maskulisten. Organisierter Antifeminismus im deutschsprachigen Raum*, herausgegeben von Andreas Kemper, 139–45. Münster: UNRAST-Verlag.

Roßhart, Julia. 2008. *Bedrohungsszenario „Gender“: gesellschaftliches Geschlechterwissen und Antifeminismus in der Medienberichterstattung zum Gender Mainstreaming (Magisterarbeit).*

Scambor, Elli, und Daniela Jauk. 2018. „‚Mander es isch Zeit.‘. Antifeministische Positionen im österreichischen Männerrechtsdiskurs“. In: *Antifeminismus in Bewegung. Aktuelle Debatten um Geschlecht und sexuelle Vielfalt*, herausgegeben von Juliane Lang und Ulrich Peters, 159–88. Hamburg: Marta Press.

Schaser, Angelika. 2003. „Einige Bemerkungen zum Thema Antisemitismus und Antifeminismus“. Herausgegeben von Claudia Bruns. *Ariadne* 43 (80): 66–71.

Scheele, Sebastian. 2016. „Von Antifeminismus zu ‚Anti-Genderismus‘? Eine diskursive Verschiebung und ihre Hintergründe“. In: *„Gegner*innenaufklärung – Informationen und Analysen zu Anti-Feminismus“*. Berlin: Gunda-Werner-Institut.

Schirmer, Dominique. 2015. „Ehe für Alle – Gleichstellung oder Geschlechterkampf? Die qualitative Kontrastierung von reflektierten und nicht-reflektierten Äußerungen der französischen Protestbewegung gegen die Öffnung der Ehe. Eine Untersuchung von Internetseiten und Tweets“. In: *Die qualitative Analyse internetbasierter Daten: methodische Herausforderungen und Potenziale von Online-Medien*, herausgegeben von Dominique Schirmer, Nadine Sander, und Andreas Wenninger, 89–133. Soziologische Entdeckungen. Wiesbaden: Springer VS.

Schmincke, Imke. 2015. „Das Kind als Chiffre politischer Auseinandersetzungen am Beispiel neuer konservativer Protestbewegungen in Frankreich und Deutschland“. In: *Anti-Genderismus: Sexualität und Geschlecht als Schauplätze aktueller politischer Auseinandersetzungen*, herausgegeben von Sabine Hark und Paula-Irene Villa, 93–109. Gender studies. Bielefeld: Transcript.

Schneider, Katharina. 2017. „Es gibt eine bedenkliche Entwicklung im neuen Bundestag - die Rede ist nicht vom Einzug der AfD“. *The Huffington Post*, 25. September 2017. http://www.huffingtonpost.de/2017/09/25/weniger-frauen-im-neuen-bundestag_n_18095616.html.

Schutzbach, Franziska. 2016. „Der Heidi-Komplex. Gender, Feminismus und der Ekel vor der »Gleichmacherei«“. *Prokla* 185: 583–97.

Sprenger, Reinhard. 2012. „Gleichstellung: Die Frauenquote ist männer- und frauenfeindlich“. *DIE WELT*, 22. Juli 2012. https://www.welt.de/debatte/kommentare/article108357151/Die-Frauenquote-ist-maenner-und-frauenfeindlich.html.

Stern, Felix. 1994. „Feminismus und Apartheid. Über den Krieg der Geschlechter“. In: *Die selbstbewusste Nation: „Anschwellender Bocksgesang“ und weitere Beiträge zu einer deutschen*

Debatte, herausgegeben von Heimo Schwilk und Ulrich Schacht, 2., veränderte und erw. Aufl, 291–308. Berlin: Ullstein.

Stögner, Karin. 2014. *Antisemitismus und Sexismus: historisch-gesellschaftliche Konstellationen.* 1. Auflage. Interdisziplinäre Antisemitismusforschung = Interdisciplinary studies on antisemitism, Bd. 3. Baden-Baden: Nomos.

———. 2017. „Angst vor dem ‚neuen Menschen'. Zur Verschränkung von Antisemitismus, Antifeminismus und Nationalismus in der FPÖ". In: *AfD & FPÖ: Antisemitismus, völkischer Nationalismus und Geschlechterbilder*, herausgegeben von Stephan Grigat, 1. Auflage, 137–62. Interdisziplinäre Antisemitismusforschung, Band 7. Baden-Baden: Nomos.

Teidelbaum, Lucius. 2015. „‚Kein Bildungsplan unter der Ideologie des Regenbogens' Homo- und Transphobe Straßenproteste gegen den Entwurf eines neuen Bildungsplans ins Stuttgart". In: *Unheilige Allianz. Das Geflecht von christlichen Fundamentalisten und politisch Rechten am Beispiel des Widerstands gegen den Bildungsplan in Baden-Württemberg*, herausgegeben von Lucie Billmann, 6–15. Reihe antifaschistischer Texte. Stuttgart: Rosa-Luxemburg-Stiftung.

Thorn, Christiane. 2007. „‚Gender Mainstreaming' im Gegenwind: Die Kontroverse in den Medien und Möglichkeiten feministischer Gegenrede(n)". Centrum für internationale Zusammenarbeit, Kommunikation und Bildung, HU Berlin.

„Über Diskursatlas Antifeminismus". o. J. In *Diskursatlas Antifeminismus*. http://www.diskursatlas.de/index.php?title=Diskursatlas:%C3%9Cber_Diskursatlas#Artikel_.2F_Interviews_zum_Diskursatlas_Antifeminismus.

Volkov, Shulamit. 2001. *Das jüdische Projekt der Moderne: zehn Essays.* Originalausg. Beck'sche Reihe 1421. München : C.H. Beck.

Vukadinović, Vojin S., Hrsg. 2018. *Freiheit ist keine Metapher: Antisemitismus, Migration, Rassismus, Religionskritik.* Erste Auflage. Berlin: Querverlag.

WELT, DIE. 2009. „‚Hort des Männerhasses': Warum das Frauenhaus abgeschafft werden muss". *DIE WELT*, 16. Juni 2009. https://www.welt.de/politik/article3936899/Warum-das-Frauenhaus-abgeschafft-werden-muss.html.

Wielowiejski, Patrick. 2018. „Homosexuelle gegen Gender Mainstreaming. Antifeministische und antimuslimische Homofreundlichkeit in der Alternativen für Deutschland". In: *Antifeminismus in Bewegung. Aktuelle Debatten um Geschlecht und sexuelle Vielfalt*, herausgegeben von Juliane Lang und Ulrich Peters, 139–58. Hamburg: Marta Press.

Winker, Gabriele. 2015. *Care Revolution: Schritte in eine solidarische Gesellschaft*. X-Texte. Bielefeld: transcript-Verlag.

Wolff, Rochus. 2006. „Schuld war nur der Feminismus. Im rosa Kampfanzug: Eva Herman gibt das Strohpüppchen einer neuen reaktionären Familienpolitik. Eine Erledigung | Wolff | querelles-net". *querelles-net Rezensionszeitschrift für Frauen- und Geschlechterforschung*. https://www.querelles-net.de/index.php/qn/article/view/485/493.

Zastrow, Volker. 2006. „‚Gender Mainstreaming': Politische Geschlechtsumwandlung". *Frankfurter Allgemeine*, 20. Juni 2006. http://www.faz.net/1.327841.

Zivile Koalition. o. J. „Familiennachzug stoppen". www.zivilekoalition.de. Zugegriffen 2. November 2017. http://www.zivilekoalition.de/initiativen/familiennachzug-stoppen/.

Juliane Lang, Ulrich Peters (Hg.):
Antifeminismus in Bewegung
Aktuelle Debatten um
Geschlecht und sexuelle Vielfalt
Marta press

Maskulist/innen, neurechte Populist/innen, christliche Fundamentalist/innen und organisierte Neonazis vertraten immer schon geschlechter- und familienfundamentalistische Positionen und nehmen aktuell stärker denn je aufeinander Bezug. Mit Erfolg: In Debatten um Geschlechter- und Gleichstellungspolitik finden sich zunehmend feindbildgesonnene, antifeministische Narrative davon, was „der Feminismus“ oder an geschlechtlicher Vielfalt orientierte Gleichstellungspolitik denn sei.

Der Sammelband setzt sich mit dieser Entwicklung kritisch auseinander. Antifeminismus ist kein einheitliches politisches Projekt: viel mehr wird er von seinen Akteur/innen zu diesem gemacht. Die im Band versammelten Beiträge geben einen systematischen Einblick in die unterschiedlichen Strömungen und die sie tragenden Organisationen. In Anbetracht der Fülle antifeministischer Akteur/innen, Positionen und Aktionen, werden zentrale Themenfelder und Strategien benannt und kontextualisiert sowie Diskurse und Öffentlichkeitsfelder – in denen diese wirken – beleuchtet. Ziel ist es, die Tragweite des organisierten Antifeminismus zu illustrieren und einen Beitrag in der Diskussion um Gegenstrategien zu liefern.

Juliane Lang, Ulrich Peters (Hg.):
Antifeminismus in Bewegung
Aktuelle Debatten um Geschlecht und sexuelle Vielfalt

Marta Press 2018, 336 Seiten
ISBN: 978-3-944442-52-5
20,00 € (D), 22,00 € (AT), 24,00 CHF UVP (CH)

Substanz
Judith Goetz, Joseph Maria Sedlacek, Alexander Winkler (Hg.):
Untergangster des Abendlandes
Ideologie und Rezeption der rechtsextremen ‚Identitären'
Marta press

Die rechtsextremen ‚Identitären' gehören ohne Zweifel zu den wichtigsten Akteur*innen des außerparlamentarischen Rechtsextremismus in Österreich. Ihr „Erfolgsrezept" liegt einerseits darin begründet, sich nach außen hin vom Nationalsozialismus abzugrenzen und so behördlicher Repression nach dem „Verbotsgesetz" aus dem Weg zu gehen und andererseits gesellschaftlich anschlussfähige Konzepte eines modernisierten völkischen Nationalismus zu propagieren. Dabei bedienen sie sich eines Straßenaktivismus, der geschickt mit Social-Media-Tools inszeniert und verbreitet wird.

Bisherige Auseinandersetzungen mit diesem relativ jungen Phänomen übernahmen nicht selten unkritisch Selbstbezeichnungen der ‚Identitären' als „weder links noch rechts" oder „Neue Rechte" und ließen dahinter stehende ideologische Denkmuster meist zu kurz kommen.

Der vorliegende Sammelband nimmt daher eine kritische Analyse dieser Selbstinszenierungen vor, indem die hinter dem ‚identitären' Denken stehenden Vordenker und Ideologeme wie (Neo-)Rassismus, Antisemitismus und Nationalismus analytisch durchdrungen und mit anderen Formen des Rechtsextremismus in Verbindung gesetzt werden. Ergänzend werden bislang vernachlässigte Themen wie subkulturelle Bezüge der ‚Identitären', propagierte Geschlechterbilder, Rhetoriken der Angst sowie ihr Verhältnis zu Islamismus und eurasischer Ideologie ins Zentrum der Analyse gerückt. Dabei wird auch der Frage nachgegangen, wie sich der rechtsextreme Charakter der ‚Identitären' begründen lässt und inwiefern von einer modernisierten Form des Rechtsextremismus gesprochen werden kann.

Judith Goetz, Joseph Maria Sedlacek, Alexander Winkler (Hg.):

Untergangster des Abendlandes
Ideologie und Rezeption der rechtsextremen ‚Identitären'

Marta Press 2017, 436 Seiten
ISBN: 978-3-944442-68-6
20,00 € (D), 20,00 € (AT), 22,00 CHF UVP (CH)